영혼의 지도,
당신의 보이지 않는 진실

영혼의 지도, 당신의 보이지 않는 진실

초판 1쇄 발행 2024년 12월 25일

저자명 C. W. 리드비터
편집·번역 남우현
펴낸이 남우현
펴낸곳 지식나무
출판등록 제2024-000043호

교정 한장희
디자인 서혜인
편집 서혜인
검수 김지원, 이현
마케팅 김윤길, 정은혜

주소 인천 부평구 마장로 10 4층(십정동, 함흥관)
전화 0507-1459-4145
팩스 0504-220-4142
이메일 treeok31@naver.com
블로그 blog.naver.com/treeok31

ISBN 979-11-990745-0-7(03200)
값 16,700원

- 이 책의 판권은 지은이에게 있습니다.
- 이 책 내용의 전부 또는 일부를 재사용하려면 반드시 지은이의 서면 동의를 받아야 합니다.
- 잘못된 책은 구입하신 곳에서 바꾸어 드립니다.

영혼의 지도,
당신의 보이지 않는 진실

Man Visible and Invisible

저자 C. W. 리드비터
편집·번역 남우현

지식나무

C. W. 리드비터

목차

준비 지식   12
C. W. 리드비터: 보이지 않는 세계의 탐구자   12
신지학: 우주의 진리를 탐구하는 여정   14
신지학의 우주론과 우주의 계층 구조   17
번역에 관해   19

1장 투시력과 인간 진화의 이해
신지학적 관점에서 본 과거와 미래   24
투시력: 보이지 않는 세계의 탐구   27

2장 다차원 우주
신비 과학과 우주의 숨겨진 차원   30
우주의 차원과 그 관계   33

3장 투시, 초감각적 지각
인간과 우주의 다차원적 연결   36
내면의 인식과 심령체   37
인식의 한계와 초월적 인식   39

4장 인간의 다층적 몸체

영적 차원의 구조와 명칭　　　　　　　　　　　44
우주의 구조와 영혼의 진화　　　　　　　　　　48

5장 신성의 발현: 삼위일체

인간 존재의 신학적 이해　　　　　　　　　　　52
신성한 삼위일체　　　　　　　　　　　　　　　57

6장 신성한 하강과 우주 창조의 단계

신성의 하강과 우주 형성 과정　　　　　　　　　62
모나드 원소의 진화와 영혼의 분화　　　　　　　65

7장 동물의 집단 영혼

집단 영혼의 이해　　　　　　　　　　　　　　　70
집단 영혼의 진화와 분화　　　　　　　　　　　72

8장 의식 진화의 단계적 발전: 광물계에서 동물계까지

영혼의 하강과 상승 과정　　　　　　　　　　　76
광물, 식물, 동물계의 의식 발달 단계　　　　　　78

9장 인간 의식의 발달과 깨어남

의식의 스펙트럼   82
깨어남의 네 가지 방법   84

10장 세 번째 신성한 하강: 집단 영혼에서 개별 영혼

신성한 하강과 인간 영혼의 형성   90
원인체의 발달과 진화의 의미   96

11장 영혼의 진화와 카르마의 법칙

환생과 영혼의 진화   100
카르마와 원인체의 진화   103

12장 투시력을 통한 인간 영체의 특성

초기 영혼의 다차원적 모습   106
편견의 렌즈를 벗고   110

13장 심령체의 색상과 감정

색채로 읽는 인간의 내면   112
오라의 색상별 해석법   113

14장 다차원 몸체의 형상화

심령체와 육체	120
물질계와 심령계의 상호작용	122
심령체의 형태와 특성	123
투시가의 심령체 관찰과 현상	124

15장 초기 단계 인간의 정신체와 진화

초기 단계 정신체의 특성	128
오라의 움직임과 색상 배열	130

16장 평범한 인간의 오라 분석

평범한 사람의 오라의 특징	134
평범한 사람의 심령체	137

17장 감정에 따른 오라의 형태와 색채

감정에 따른 심령체의 변화	140
애정	140
신앙심	143
강렬한 분노	145
공포심	148

18장 성격 유형에 따른 오라의 특징

짜증을 잘 내는 사람   152
인색한 사람   153
깊은 우울증에 빠진 사람   155
신앙적인 사람   157
과학적인 사람   159

19장 영적 성장의 촉매제

감정이 영적 신체에 미치는 영향   162
사랑에 빠질 때의 영적 변화   163
순수한 사랑의 발달적 가치   166

20장 진화된 인간의 오라 분석

진화된 영혼의 특성과 원인체의 발달   168
정신체와 심령체의 진화   174
영적 진화의 궁극적 목표   178

21장 건강과 오라

에테르 복체와 생명력의 흐름   182
건강 오라와 그 특성   186

22장 아뎁트의 원인체

아뎁트의 오라와 그 특성 190
인간의 진정한 본질과 영적 진화 194

신지학 협회 인장 197
편집·번역자 후기 201

컬러 도판 모음 203

⚜ 준비 지식 ⚜

C.W. 리드비터: 보이지 않는 세계의 탐구자

19세기 말과 20세기 초, 인류는 물질적 발전뿐만 아니라 영적인 진리를 향한 갈망이 커져 갔습니다. 이 시기에 등장한 찰스 웹스터 리드비터(1854-1934)는 신지학자이자 투시력자로서, 보이지 않는 세계의 비밀을 밝혀내고 이를 널리 알리기 위해 평생을 헌신했습니다.

리드비터는 원래 영국 성공회 사제였으나, 점차 교리를 벗어난 영적 탐구의 길로 들어서게 됩니다. 다니엘 던글라스 홈의 영매술 관련 글을 읽으면서 그의 영적 호기심이 시작되었고, 이후 A. P. 시넷의 《The Occult World(오컬트월드)》를 통해 신지학에 깊이 매료되었습니다.

1884년은 그의 삶에서 특별한 해였습니다. 런던에서 헬레나 페트로브나 블라바츠키를 만나 제자가 되고, 그녀의 권유로 채식을 시작합니다. 그는 신지학 협회의 숨겨진 지도자 중 하나인, 마스터 쿠투미[1]에게 제

---

1. 쿠투미(Kuthumi)는 상승 마스터(Ascended Master)* 중 한 명으로, 인류의 영적 진화를 돕는 고도로 진화된 존재다. 그는 마하트마 모리아(Morya)와 함께 신지학 협회의 초기 설립자인 헬

자로 받아들여지길 요청하고 긍정적인 답변을 받은 후 인도 아디야르로 떠나게 됩니다.

리드비터의 삶에서 큰 전환점을 마련한 것은 마스터 쿠투미였습니다. 그는 리드비터에게 쿤달리니라는 신비로운 힘을 깨우는 특별한 명상법을 제안했습니다. 스승의 지도를 통해 그는 42일간의 집중 명상을 통해 심령적 시야를 열고, 육체적 의식과 심령 의식을 함께 유지하게 되었습니다.

이후, 주알 쿨과 수바 로우의 도움으로 더욱 깊이 있는 훈련을 받으면서 리드비터는 분자와 원자, 인류의 과거 역사까지 볼 수 있는 능력을 갖추게 되었습니다. 이러한 과정들은 그를 20세기 초 가장 영향력 있는 신지학자 중 하나로 만들었습니다. 그의 자서전 《신지학이 나에게 온 길》에서 이 시기에 대한 자세한 이야기를 들을 수 있습니다.

리드비터의 신지학 여정은 투시력을 통해 심령계와 정신계 등 보이지 않는 차원을 탐구하는 것이었으며, 이를 통해 인간의 오라, 차크라, 전생 등 영적 실체를 밝히는 데 큰 기여를 했습니다. 그는 이러한 발견들을 통해 인간의 본질과 우주의 비밀을 풀어내기 위해 노력했습니다.

레나 블라바츠키(Helena Blavatsky)에게 가르침을 전달한 것으로 알려져 있으며, 이 가르침은 신지학의 핵심 교리를 형성하는 데 중요한 역할을 했다.

'상승 마스터(Ascended Master)는 신지학, 뉴에이지 등의 영성 체계에서 등장하는 개념으로, 영적 진화의 최고 단계에 도달하고 물질계의 윤회에서 벗어난 존재들을 가리킨다. 그들은 인류의 영적 성장을 돕기 위해 물질계에 영향력을 행사하며, 지혜와 자비를 통해 인류를 인도하는 스승으로 여겨진다. 예수, 붓다, 세인트 저메인, 쿠투미, 모리아 등이 상승 마스터의 예로 언급된다.

그는 약 60권의 저서를 남겼으며, 대표작으로는 《아스트랄계》, 《차크라》, 《영혼의 지도, 당신의 보이지 않는 진실》, 《마스터들과 그 길》 등이 있습니다. 그의 저서는 복잡한 영적 개념들을 쉽게 풀어내어 많은 이들에게 영감을 주었고, 현대 신지학의 기초를 다지는 데 중요한 역할을 합니다.

리드비터는 인류의 영적 진화를 위해 그의 삶을 헌신한 진정한 영적 탐험가였습니다. 그는 보이지 않는 세계의 진리를 탐구해 인간이 내면의 무한한 가능성과 신성을 깨닫도록 이끌었습니다. 그의 가르침은 오늘날에도 많은 사람들에게 영감을 주며, 영적인 여정을 시작하는 이들에게 빛이 되고 있습니다.

신지학: 우주의 진리를 탐구하는 여정

신지학(Theosophy)은 그리스어 'Theos'(신)와 'Sophia'(지혜)의 합성어로 '신성한 지혜'를 의미하는 철학적, 종교적 사상 체계입니다. 19세기 후반 헬레나 페트로브나 블라바츠키와 헨리 스틸 올컷, 윌리엄 퀸 저지가 1875년 뉴욕에서 신지학 협회를 설립하면서 본격적으로 체계화됩니다.

신지학은 우주와 인간의 본질적 진리를 탐구하는 것을 목적으로 하며, 인간의 일반적 인식 능력을 초월한 고차원적 관찰을 통해 다양한 종교와 철학에서 공통된 진리를 탐색합니다. 특히 힌두교와 불교 같은 동양의 종교적 지혜와 고대 이집트, 그리스, 로마의 신비주의 전통을 연구하고, 이를 현대적 맥락에서 재해석하려 노력했습니다. 이 사상은 우주와 인간의 본질을 이해하는 데 있어 매혹적인 관점을 제시하는데, 물질세계 너머의 보이지 않는 차원들과 그것들이 어떻게 상호작용 하는지에 대해 깊이 있는 통찰을 제공합니다. 특히 블라바츠키의 저서 《Isis Unveiled(이집트 신의 숨겨진 진실)》과 《The Secret Doctrine(비밀의 교리)》은 이러한 고대의 지혜를 체계적으로 정리하여 현대인들에게 전달하는 데 큰 역할을 했습니다.

이러한 관찰을 바탕으로 한 신지학의 **첫 번째 핵심 원리는 일원론으로 우주가 근원적으로 하나의 본질로 연결되어 있다는 사상**입니다. 이는 모든 존재와 현상이 하나의 신성한 근원에서 비롯되었음을 의미합니다. 마치 다양한 색상의 빛이 프리즘을 통과하여 하나의 순수한 빛으로 합쳐지듯이, 우리 모두는 하나의 우주적 에너지에서 파생된 존재들입니다. 이 관점은 인간뿐만 아니라 동물, 식물, 광물 등 모든 생명체와 무생물까지도 보이지 않는 끈으로 이어져 있음을 깨닫게 해 줍니다. 이러한 우주적 일체성에 대한 인식은 우리가 서로를 이해하고 존중하며 조화롭게 공존하는 데 중요한 밑바탕이 됩니다. 또한 이는 종교, 인종, 문화의 경계를 넘어선 보편적 형제애를 실현하는 데 기여합니다.

둘째, 카르마와 윤회

신지학은 영혼이 여러 생을 거듭하며 진화한다는 윤회의 개념을 지지하며, 이 과정에서 카르마의 법칙이 작용한다고 믿습니다. 카르마는 우리의 행동이 미래의 결과를 결정한다는 인과의 법칙으로, 선한 행동은 긍정적인 결과를, 부정적인 행동은 어려움을 가져옵니다. 이는 단순한 도덕적 교훈을 넘어, 영혼의 성장과 학습을 위한 체계적인 과정으로 이해됩니다. 매 생에서 우리는 이전 생에서 배운 것들을 토대로 새로운 경험과 도전을 마주하며, 이를 통해 지혜와 깨달음을 쌓아 갑니다. 이러한 영혼의 진화 여정은 우리가 현재의 삶에서 겪는 모든 일이 의미 있고 목적이 있음을 깨닫게 해 주며, 자기 자신과 타인에 대한 이해와 연민을 심화시킵니다.

셋째, 내면의 신성 발견

신지학은 모든 인간이 잠재적으로 신성한 본질을 가지고 있으며, 이를 인식하고 계발하는 것이 인간의 궁극적인 목표라고 봅니다. 이를 위해 명상과 자기 탐구 같은 실천적 방법들이 권장되며, 이를 통해 우리는 자신의 내면을 탐구하고 더 높은 의식 상태에 도달할 수 있는 길을 찾습니다. 물질적 세계를 초월하는 이 여정은 개인의 영적 해방을 위한 기본 길잡이가 됩니다. 내면의 신성을 발견하는 과정은 자기 자신을 진정으로 이해하고 수용하는 여정이며, 이를 통해 우리는 삶의 목적과 방향성을 명확히 할 수 있습니다. 또한 개인의 영적 성장은 사회와 인류 전체의 의식 수준을 향상시키는 데 기여하며, 더 나은 세상을 만드는 데 중요한 역할을 합니다.

신지학은 단순한 철학이나 종교가 아닌, 우주와 인간, 그리고 존재의 의미에 대한 깊은 탐구입니다. 숨겨진 지혜를 찾아 떠나는 이 여정은 우리에게 삶의 본질과 목적에 대한 성찰을 제공합니다. 만약 여러분이 우주의 신비와 인간의 내면에 숨겨진 가능성에 대해 궁금하다면, 신지학의 세계관은 새로운 인사이트를 선사할 것입니다. 이 여정을 통해 자신과 세계에 대한 이해를 넓히고, 더 풍요로운 삶을 살아가기를 바랍니다.

신지학의 우주론과 우주의 계층 구조

신지학의 관점에 따르면, 우주는 모든 존재와 밀접하게 연결된 복합적인 네트워크로 이루어져 있습니다. 이는 단순한 물리적 연결을 넘어, 영적 그리고 에너지적 차원의 심오한 상호작용을 포함합니다. 이러한 연결은 원자에서부터 은하에 이르기까지, 모든 존재가 동일한 우주적 생명력에 의해 움직이며 존재한다고 설명합니다. 이러한 시각은 우리가 우주를 단순히 관찰하는 자가 아니라, 그 진화 과정에 적극적으로 참여하는 존재임을 일깨워 줍니다. 우리가 품는 생각과 행동은 우주의 흐름에 직접적인 영향을 미치며, 우주의 운명에도 깊숙이 결부되어 있습니다.

우주의 운행을 '거대한 호흡'으로 비유하는 신지학은, 우주가 만반타라(Manvantara)와 프랄라야(Pralaya)라는 두 가지 주기를 반복한다고 설명합니다. 만반타라는 우주가 활발히 작용하며 창조와 진화가 이루어지는 시기인 반면, 프랄라야는 우주가 휴식 상태로 돌아가는 시간입니다. 이는 낮과 밤처럼 끊임없이 돌아가며, 이러한 주기는 우주의 영원한 진화를 지속시킵니다.

시간에 대한 우리의 전통적인 이해는 과거에서 현재를 거쳐 미래로 흐르는 선형적인 것입니다. 그러나 신지학은 더 높은 차원에서 시간과 공간이 다른 방식으로 존재한다고 제안합니다. 이는 물질세계의 제약으로부터 벗어난 복잡한 구조로, 과거, 현재, 미래가 동시에 존재하는 개념을 내포합니다. 이러한 시간과 공간에 대한 관점은 현대 물리학의 시공간 상대성 이론과 흥미롭게도 맞닿아 있으며, 우리의 세계관을 확장시켜 새로운 인식을 제공합니다. 또한, 우주의 계층 구조라는 독특한 개념을 제시하는 신지학은, 우주가 7개의 음으로 이루어진 음계와 같다고 설명합니다. 각기 다른 특징을 지닌 7개의 차원이 존재하며, 각 차원은 고유한 진동수와 에너지 패턴을 지니고 있습니다.

차원	내용	
아디계 Adi Plane	아디계는 우주의 가장 근원적인 차원으로, 모든 존재의 시작점이자 궁극적 실재의 원천입니다. 이는 인간의 지성으로는 완전히 이해할 수 없는 절대적 차원이며, 신성한 로고스 자체 또는 그 근원이 되는 영역입니다.	절대계
모나드계 Monadic Plane	모나드계는 개별적 영혼의 본질이 존재하는 차원으로, 여기서 모든 존재의 근원적 개별성이 발현됩니다. 모나드는 신성한 근원으로부터 개별화된 순수 의식이며, 이곳에서 각 모나드의 독특한 영적 목적이 잠재되어 있습니다.	
아트믹계 Atmic Plane	아트마는 산스크리트어로 "자아" 또는 "영혼"을 의미합니다. 아트믹계는 순수한 영적 의지와 힘의 차원으로, 신성한 로고스의 의지-능력이 표현되는 영역입니다. 이곳에서 영혼은 우주적 의지와 하나 되어 활동합니다.	
붓디계 Buddhic Plane	붓디계는 직관, 지혜, 보편적 사랑이 가득한 차원으로, 신성한 로고스의 사랑-지혜가 표현되는 영역입니다. 이곳에서 영혼은 우주적 진리와 하나 됨을 경험하며, 개별성과 통일성이 완벽한 조화를 이룹니다.	

차원		내용	
정신계[2] Mental Plane	상위	상위 멘탈계는 추상적 사고, 영적 이념, 원형(Archetype)의 세계로, 신성한 로고스의 활동적 지성이 표현되는 영역입니다. 영혼은 이곳에서 순수한 사고 형태로 존재하며, 우주적 진리와 법칙을 이해합니다. <u>영혼의 본체로서 "원인체"(Causal Body)는 상위 멘탈계에 속하며, 모든 경험과 지혜를 축적합니다.</u>	상대계
	하위	하위 멘탈계는 형상의 영역으로 구체적인 사고, 논리, 추론 등 인간의 일상적인 사고 작용이 일어나는 영역입니다. <u>영혼은 정신체(Mental Body)를 매개로 하여 하위 멘탈계를 경험합니다.</u>	
심령계[3] Astral Plane		심령계는 감정과 욕망이 존재하는 차원으로, 물질계보다 미묘하고 유동적인 에너지로 이루어져 있습니다. "심령체"(Astral Body)는 영혼이 감정과 욕망을 담는 그릇이며, 영혼은 심령체를 통해 이 차원에서 자신을 표현하고 경험합니다. 인간이 잠을 자는 동안 꿈속이나 육체적 죽음 이후에 경험되는 세계입니다.	
물질계[4] Physical Plane		물질계는 인간의 감각 기관으로 인지하고 있는 세계로, 영혼이 다양한 경험을 통해 배우고 성장하는 학습의 장이며, 영적 진화를 위한 중요한 무대입니다. <u>영혼은 현재 우리가 경험하고 있는 육체(Dense Body)를 통해 물질계에서 자신을 표현하고 경험합니다.</u>	

번역에 관해

1875년 신지학 협회가 설립된 이후, 1900년대 초반에는 신지학 관련 서적들이 활발하게 저술되었습니다. 당시 영국의 지식인들이 즐겨 쓰던 '빅토리안 프로즈' 문체는 신지학 서적에도 큰 영향을 미쳐, 세미콜론과 접속사로 문장들을 길게 연결하는 웅장하고 복잡한

---

2. 정신계는 5차원계로 시간과 공간을 초월하는 세계다.
3. 심령계는 4차원계로 공간을 초월하는 세계다.
4. 물질계는 3차원계로 시간과 공간의 지배를 받는 세계다.

스타일이 특징이었습니다. 이 책 역시 그 시대의 문학적 전통을 그대로 담고 있어, 이 책 시작의 첫 두 문장만 확인해도 끝없이 이어지는 긴 문장의 향연을 경험할 수 있습니다.

그러나 현대의 영어 원어민조차 이러한 고전적 문체를 읽는 데 어려움을 느끼는 상황에서, 이를 한국어로 그대로 옮긴다면 독자들의 이해를 더욱 어렵게 만들 수 있다는 판단이 들었습니다. 그래서 저는 긴 문장들을 현대적 감각에 맞게 나누고, 핵심 내용을 살려 간결하게 재구성하는 방식으로 번역을 진행했습니다.

원문 직역	현대어 번역
인간은 기묘하게 복잡한 존재이며, 그의 진화, 과거, 현재, 미래는 모든 사람이 볼 수 있고 이해할 수 있는 경우에 지속적인 관심의 연구 대상이다. 그는 힘들고 점진적인 발전의 영원한 시간을 통해 지금의 모습이 되기까지 왔고, 그의 발전의 긴 사다리에서 현재 어느 단계에 도달했는지, 미래의 장막이 우리에게 숨긴 더 나아진 발전의 가능성은, 이것들은 거의 관심이 없는 사람들에게 질문이 아니다. 이것들은 모든 시대에 생각을 한 사람들에게 발생하는 질문이다.	인간은 매우 복잡한 존재입니다. 인간의 과거, 현재, 미래의 진화 과정은 통찰력 있는 사람들에게 끊임없는 관심의 대상이 되어 왔습니다. 인간이 현재의 모습에 이르기까지 거쳐 온 영원한 시간의 고된 발달 과정이 있습니다. 그리고 지금 인간은 진화의 긴 사다리에서 어느 단계에 도달해 있을까요? 또한 미래의 베일에 가려진 더 높은 발전의 가능성은 무엇일까요? 이러한 질문들은 대부분의 사람들이 무관심할 수 없는 것들입니다. 실제로 이 질문들은 사색하는 모든 이들의 마음속에 시대를 초월하여 계속해서 떠올랐던 것들입니다.

특히 전문 용어의 정확한 의미 전달에 심혈을 기울였습니다. 'Elemental essence'는 직역하면 '원소의 본질'이지만, 본문에서 의미하는 바는 신이 창조한 우주적 에너지의 일부로서 물질계에 투사되어 진화의 근본적인 동력이 되는 원초적 생명력인 에테르 원소를 의미

합니다. 이를 영지주의 신비가이며 스승인 아테쉴리스(다스칼로스)는 이러한 우주의 생명력을 '에테르 생명력'으로 정의하였고 본문 내용의 더 정확한 의미 전달을 위해 '에테르 원소'로 번역하였습니다.

또한 일반적으로 '정령계'로 번역해 온 'Elemental Kingdom'을 이 책에서는 '원소계'로 번역했습니다. 이는 'Elemental'이 단순히 정령적 존재를 의미하기보다는, 우주의 기초 재료가 되는 '원소적 단계'를 강조하기 때문입니다. 즉, 원초적 에너지와 물질이 분리되기 전의 근원적 영역을 나타내기에 '원소계'가 더 직관적이고 명확하다고 판단했습니다. 그 외에도 'Thought-forms'는 '생각-에너지체', 'Astral plane'은 '심령계', 'Mental plane'은 '정신계'로 번역하였습니다.

이러한 번역 과정을 통해 원문의 깊은 의미와 의도를 살리면서도, 현대 독자들이 쉽게 이해하고 공감할 수 있는 언어로 재탄생시키고자 노력했습니다. 《영혼의 지도, 당신의 보이지 않는 진실》이 한국의 독자들에게 신지학의 심오한 지혜와 통찰을 전달하여, 내면의 성찰과 영적인 성장에 도움이 되기를 진심으로 바랍니다.

편집·번역자 남우현

1장

투시력과
인간 진화의 이해

신지학적 관점에서 본 과거와 미래

인간은 매우 복잡한 존재입니다. 인간의 과거, 현재, 미래의 진화 과정은 통찰력 있는 사람들에게 끊임없는 관심의 대상이 되어 왔습니다. 인간이 현재의 모습에 이르기까지는 거쳐 온 영원한 시간의 고된 진화의 과정이 있었습니다. 그리고 지금 인간은 진화의 긴 사다리에서 어느 단계에 도달해 있을까요? 또한 미래의 베일에 가려진 더 높은 발전의 가능성은 무엇일까요? 이러한 질문들은 대부분의 사람들이 무관심할 수 없는 것들입니다. 실제로 이 질문들은 사색하는 모든 이들의 마음속에 시대를 초월하여 계속해서 떠올랐던 것들입니다.

서구 세계에서는 이에 대한 대답이 다양하고 많았습니다. 계시에 대한 다양한 해석에 근거한 그리스도교의 교리상 주장이 많았고, 어떤 경우에는 형이상학에 가까운 추론의 결실인 독창적인 추측도 많이 있었습니다. 그러나 그리스도교 교리상의 경우 표면적으로는 명백히 불가능한 이야기로 우리를 만나는 반면, 사변은 주로 전적으로 유물론적인 노선을 따라 움직이며 우리가 설명해야 할 현상의 절반을 무시함으로써 만족스러운 결과에 도달하지 못했습니다. 교리주의

나 사변적 문제도 다른 과학과 마찬가지로 연구하고 조사할 수 있는 문제로서 실질적인 관점에서 문제에 접근하지 않습니다.

신지학은 완전히 다른 토대에 기초한 이론을 제시합니다. 고대 경전 연구나 철학적 추론을 통해 얻을 수 있는 지식을 결코 경시하지 않지만, 그럼에도 불구하고 인간의 구성과 진화를 추측의 문제가 아니라 단순한 조사의 문제로 간주합니다. 이렇게 조사해 보면, 그것들은 일관되고 쉽게 이해할 수 있는 웅장한 계획의 일부임이 드러납니다. 이 계획은 오래된 종교적 가르침의 많은 부분과 일치한다고 설명하지만, 우리는 어떤 식으로든 그것에 의존하지 않습니다. 왜냐하면 인류의 대다수에게는 아직 잠재되어 있지만, 우리 수행자들 사이에서 이미 작동하는 내적 능력과 내면의 능력을 사용하여 모든 단계에서 검증될 수 있기 때문입니다.

인간의 과거 역사에 대해, 이 이론은 초기 종교의 전통에 대한 동시적인 증언뿐만 아니라 확실한 기록의 검토에 의존합니다. 이 기록은 그것이 새겨진 미세하게 세분된 물질의 진동을 감지하는 데 필요한 투시력을 가진 사람이라면 누구나 보고 참고할 수 있습니다. 인류를 기다리고 있는 미래에 관한 지식에 대해 신지학은 첫째, 이미 이루어진 진화의 특성에서 논리적으로 추론하는 것, 둘째, 우리 대부분에게는 여전히 다소 먼 미래를 구성하는 소선에 이미 도달한 사람들이 제공하는 직접적인 정보, 셋째, 그것들을 볼 수 있는 특권을 가진 사람이라면 누구나 다양한 수준의 고도로 진화된 사람들 사이에서 비교할 수 있는 것에 의존합니다. 자연의 순환에 대해 전혀 알지 못하는 아이가 있다고 가정해 보겠습니다. 이 아이는 단지 자신이 어느 정도 그리고 어떤 방식으로 성장해 왔다는 사실과 주변에서 자신의 또래 아이들과 젊은이들이 성인이 되는 여러 단계에 있는 것을 보면서, 자신도 머지않아 어른이 될 것이라고 추론할 수 있습니다.

현재 인간의 상태에 대한 연구는 신지학 학생들에게 매우 중요합니다. 이는 잘 알려진 법칙들을 폭넓은 일반 원리로 적용하는 것과 관련이 있습니다. 인간의 진화 과정과 그 직접적인 방법들을 이해하는 것도 중요합니다. 특히 인간의 생각, 감정, 행동이 진화에 어떤 영향을 미치는지 살펴보아야 합니다. 이러한 법칙들이 구체적으로 어떻게 작용하는지 이해하기 위해서는 세심한 관찰과 많은 사례들의 꼼꼼한 비교 연구가 필요합니다.

사실 이것은 단순히 '보는 것'의 문제입니다. 이 책이 출판된 목적에는 두 가지 희망이 담겨 있습니다. 첫 번째 목적은 아직 이러한 시각을 갖지 못한 진지한 수행자들을 돕기 위해서입니다. 그들이 영혼과 그것의 다양한 몸체들이 어떻게 보이는지 이해할 수 있도록 돕고자 합니다. 두 번째 목적은 이제 막 이러한 시각을 조금씩 활용하기 시작한 사람들을 위한 것입니다. 그들이 보는 것들의 진정한 의미를 이해할 수 있도록 도움을 주고자 합니다.

투시력: 보이지 않는 세계의 탐구

나는 아직 대부분의 사람들이 투시력의 존재를 믿지 않는다는 사실을 잘 알고 있습니다. 하지만 동시에, 이 문제를 진지하게 연구한 모든 사람들이 투시력의 존재를 부정할 수 없는 증거들을 발견했다는 것도 알고 있습니다. 지적인 사람이라면 누구든 제가 쓴 《Clairvoyance(투시)》라는 책에 실린 검증된 이야기들을 읽어 보시기 바랍니다. 그리고 그 이야기들의 원전을 찾아보신다면, 투시력이라는 능력의 존재를 뒷받침하는 압도적인 증거들을 발견하실 수 있을 것입니다. 이미 고등한 시각을 가지고 있는 사람들에게는 이런 능력이 매우 자연스럽습니다. 그들은 매일 수백 가지 다른 방식으로 이 높은 차원의 시각을 활용하고 있습니다. 그래서 대다수의 사람들이 이러한 시각의 가능성을 부정하는 것이 그들에게는 터무니없게 느껴지는 것입니다.

투시력을 가진 사람에게는 이런 논쟁이 무의미합니다. 만약 눈이 보이지 않는 사람이 우리에게 와서, 일반적인 시각이란 존재하지 않으며 우리가 그런 능력이 있다고 생각하는 것은 착각이라고 단언한다면, 우리도 그 착각이라는 주장을 길게 반박하려 하지 않을 것입니다. 그저 이렇게 말할 것입니다. "나는 분명히 볼 수 있고, 내가 보지 못한다고 설득하는 것은 무의미합니다. 일상생활의 모든 경험이 내가 볼 수 있다는 것을 증명하죠. 나는 이 확실한 사실에 대한 지식을 부정당하고 싶지 않습니다." 훈련된 투시가가 느끼는 것이 바로 이런 것입니다. 무지한 사람들이 태연하게 투시가의 능력이 불가능하다고 단정 지을 때, 투시가는 바로 그 순간에도 그것을 부정하는 사람들의 생각을 읽고 있는 것입니다!

이 책에서 저는 투시력이 실제로 존재한다는 것을 증명하려 하지 않습니다. 그것은 이미 당연한 것으로 간주하고, 투시력으로 보이는 것들을 설명하고자 합니다. 또한 제가 언급한 작은 책자에서 설명한 투시력의 방법에 대한 세부 사항을 여기서 반복하지 않을 것입니다. 대신, 신지학 문헌을 공부하지 않은 사람들도 이 책을 이해할 수 있도록 주제의 큰 원칙들에 대해 간단히 설명하는 데 집중하겠습니다.

2장

다차원 우주

신비 과학과 우주의 숨겨진 차원

가장 먼저 명확하게 이해해야 할 점은 우리 주변 세계의 놀라운 복잡성, 즉 일반적인 시력의 범위 안에 들어오는 것보다 훨씬 더 많은 것을 포함하고 있다는 사실입니다.

우리 모두는 물질이 서로 다른 상태로 존재하며, 압력과 온도의 변화에 의해 그 상태가 변할 수 있다는 것을 알고 있습니다. 우리에게는 잘 알려진 세 가지 물질 상태, 즉 고체, 액체, 기체가 있으며 모든 물질은 온도와 압력의 적절한 변화에 따라 이러한 모든 상태로 존재할 수 있다는 것이 과학의 이론입니다.

신비 화학(Occult chemistry)은 우리에게 기체보다 더 높은 또 다른 상태를 보여 줍니다. 이 상태에서도 우리에게 알려진 모든 물질이 변형되거나 변환될 수 있으며, 우리는 그 상태를 에테르 상태라고 부릅니다. 예를 들어, 우리는 수소를 기체 상태가 아닌 에테르 상태로 가질 수 있습니다. 우리는 금이나 은 또는 다른 어떤 원소도 고체, 액체, 기체 또는 에테르[5]라고 부르는 더 높은 상태로 가질 수 있습니다.

---

5. '에테르'(Ether)는 우주 공간에 충만한 미세한 물질로, 모든 생명체의 근원 에너지다. 육체적

일반 과학에서는 산소 원자, 수소 원자 그리고 화학자들이 원소라고 부르는 물질들의 원자에 대해 이야기합니다. 이러한 원소들은 더 이상 쪼개질 수 없다고 여겨졌습니다. 그리고 각각의 원소는 자신만의 원자를 가지고 있습니다. '원자'라는 단어의 그리스어 어원에서 알 수 있듯이, 이는 더 이상 쪼개거나 분할할 수 없는 것을 의미합니다. 하지만 신비 과학(Occult science)에서는 이러한 이른바 '원소들'이 진정한 의미의 원소가 아니라고 항상 가르쳐 왔습니다. 우리가 산소나 수소의 원자라고 부르는 것들은 특정한 조건하에서 더 작게 쪼개질 수 있다는 것입니다.

이러한 분해 과정을 반복하면, 모든 물질의 근원에는 하나의 근본 물질이 있다는 것을 발견하게 됩니다. 이 궁극적 단위들의 서로 다른 조합이 화학에서 말하는 산소, 수소, 금, 은, 리튬, 백금 등의 원자를 만들어 내는 것입니다. 이 모든 것들이 완전히 분해되면, 우리는 결국 동일한 단위체들로 돌아가게 됩니다. 다만 이 단위체들 중 일부는 양성이고 일부는 음성이라는 차이만 있을 뿐입니다.

이러한 단위체들과 그것들의 결합 가능성에 대한 연구는 그 자체로 매우 흥미진진한 주제입니다. 하지만 이 단위체들조차도 우리의 물질계의 관점에서만 '단위'로 보입니다. 즉, 이 단위체들을 더 쪼갤 수 있는 방법이 존재하는데, 이렇게 쪼개지면 자연의 다른 영역에 속히

감각으로는 지각할 수 없지만, 생명력, 프라나, 기 등 다양한 이름으로 불리며 인체를 비롯한 만물에 생기를 불어넣고 있다. 모든 존재는 에테르 에너지로 연결되어 있으며 에테르 에너지는 생명 현상과 치유의 과정에서 중요한 역할을 한다.

는 물질이 나타납니다. 이 더 높은 차원의 물질 역시 단순하지 않고 복잡한 구조를 가지고 있습니다. 이 물질도 우리가 알고 있는 물리적 물질의 상태, 즉 고체, 액체, 기체, 에테르 상태와 매우 유사한 일련의 고유한 상태로 존재합니다. 다시 한번, 우리가 분할 과정을 충분히 진행하면 또 다른 단위체에 도달하게 됩니다. 이는 신비학자들이 '심령계'(Astral plane)라고 부르는 우주 영역의 단위체입니다.

  이 과정은 계속해서 반복될 수 있습니다. 심령 단위를 더욱 세분화하면 우리는 한층 더 높고 미묘한 다른 세계를 마주하게 되는데, 이 세계 역시 물질적인 특성을 지닙니다. 이 높은 차원에서도 우리가 익숙한 상태에 대응하는 뚜렷한 물질의 상태들이 존재하며, 우리의 탐구 결과는 다시 한번 하나의 단위로 이어집니다. 신지학에서 정신계라고 부르는 우주의 세 번째 거대한 영역의 단위가 바로 그것입니다. 우리가 아는 한, 이러한 세분화의 가능성에는 한계가 없습니다. 하지만 우리가 이를 관찰할 수 있는 능력에는 분명한 한계가 있습니다. 그럼에도 우리는 이러한 서로 다른 영역들이 상당수 존재한다는 것을 확신할 수 있을 만큼 충분히 볼 수 있습니다. 각각의 영역은 한편으로는 그 자체로 하나의 세계이지만, 더 넓은 관점에서 보면 이 모든 것이 하나의 장대한 전체의 부분들인 것입니다.

우주의 차원과 그 관계

　신지학 문헌에서는 이러한 우주의 여러 계층들을 흔히 '차원'이라고 부릅니다. 이는 각 차원을 구성하는 물질의 밀도 차이에 따라 위아래로 배열하면 이해하기 쉽기 때문입니다. 첨부된 도표(그림2)에서도 이렇게 표현되어 있지만, 이는 단순히 이해를 돕기 위한 상징적 표현일 뿐이며 실제 각 차원들의 관계를 나타내는 것은 아니라는 점을 잘 기억해야 합니다. 이 차원들은 책장의 선반처럼 층층이 쌓여 있는 것이 아니라, 같은 공간을 채우며 서로 침투하고 있습니다. 과학적으로도 잘 알려져 있듯이, 가장 단단한 물질에서조차 원자들은 서로 직접 닿아 있지 않습니다. 각 원자는 자신만의 활동 영역과 진동을 가지고 있으며, 각 분자도 더 큰 영역을 가지고 있어 어떤 상황에서도 그들 사이에는 항상 공간이 존재합니다.

　모든 물리적 원자는 심령의 바닷속에 떠 있습니다. 이 심령 물질의 바다는 원자를 둘러싸고 물리적 물질의 모든 틈새를 채우고 있죠. 마찬가지로 정신 물질도 심령 물질을 같은 방식으로 관통합니다. 따라서 우주의 이 모든 차원들은 공간적으로 분리되어 있지 않으며, 지금 이 순간에도 우리 주변에 모두 존재하고 있습니다. 이것들을 보고 탐구하기 위해서는 공간적 이동이 필요한 것이 아니라, 단지 이들을 인식할 수 있는 내면의 감각을 열면 되는 것입니다.

3장
투시, 초감각적 지각

인간과 우주의 다차원적 연결

이것은 우리에게 또 다른 매우 중요한 고려 사항을 제시합니다. 이 다양한 미세 물질은 모두 외부 세계에 존재할 뿐만 아니라 인간에게도 존재합니다. 인간은 우리가 보는 물리적 육체뿐만 아니라 우주의 이러한 다양한 영역에 적합하고 각 영역의 물질로 구성된 육체를 내부에 가지고 있습니다. 인간의 물리적 육체에는 우리에게 보이는 고체 물질뿐만 아니라 에테르 물질도 있습니다(그림24 및 25 참조). 그리고 이 에테르 물질은 투시력자에게 쉽게 보입니다. 마찬가지로 더 미묘한 심령 물질을 인지할 수 있는 고도로 발달한 투시력자는 심령 물질 덩어리로 그 수준에서 표현된 사람을 봅니다. 이는 실제로 그 영역에 대한 그의 육체 또는 몸체입니다. 그리고 정확히 같은 것이 정신계에도 적용됩니다.

인간의 영혼은 하나의 육체가 아니라 많은 육체를 가지고 있습니다. 왜냐하면 충분히 진화했을 때 그는 우주의 이 모든 다른 수준에서 자신을 표현할 수 있으며, 따라서 각각에 속하는 물질로 만들어진 적절한 몸체가 제공되기 때문입니다. 그리고 그는 이러한 다양한 몸체를 통해 그에 해당하는 세계에서 인상을 받을 수 있습니다.

우리는 인간이 미래의 진화 과정에서 이러한 몸체를 스스로 창조한다고 생각해서는 안 됩니다. 왜냐하면 모든 인간은 처음부터 그것들을 소유하고 있지만, 그 존재를 전혀 의식하지 못하기 때문입니다. 우리는 끊임없이 어느 정도까지는 무의식적으로라도 우리 내면의 이 고차원적인 물질을 사용하고 있습니다. 우리가 생각할 때마다 우리는 우리 내면의 정신 물질을 움직이게 하고, 생각은 투시력자에게 그 물질의 진동으로 분명하게 보입니다. 그 진동은 우선 인간 내면에서 일어나고, 그런 다음 주변 세계의 동일한 밀도의 물질에 영향을 미칩니다. 그러나 이 생각이 물질계에서 효과를 발휘하려면 먼저 정신 물질에서 심령 물질로 전달되어야 합니다. 그리고 심령 물질에서 유사한 진동을 일으키면 심령 물질은 차례로 에테르 물질에 영향을 미쳐 에테르 물질에 공감 진동을 일으킵니다. 그리고 에테르 물질은 더 조밀한 물리적 물질인 뇌의 회백질에 작용합니다.

내면의 인식과 심령체

따라서 우리가 생각할 때마다, 우리는 우리가 알고 있는 것보다 훨씬 더 긴 과정을 거칩니다. 마치 우리가 무언가를 느낄 때마다 우리가 전혀 의식하지 못하는 과정을 거치는 것과 같습니다. 우리는 어떤 물체를 만져서 그것이 너무 뜨겁다고 느끼고, 생각하는 순간 즉시 손을

뗍니다. 그러나 과학은 우리에게 이 과정이 즉각적인 것이 아니며, 느끼는 것은 손이 아니라 뇌라는 것을 가르쳐 줍니다. 신경은 강렬한 열에 대한 생각을 뇌에 전달하고, 뇌는 즉시 신경 섬유를 따라 손을 떼라는 지시를 다시 전보처럼 보냅니다. 그리고 이 모든 것의 결과로 손을 떼는 것이 일어나지만, 우리에게는 즉각적인 것처럼 보입니다. 이 과정은 충분히 정밀한 기구로 측정할 수 있는 명확한 지속 시간을 가지고 있습니다. 그 움직임의 속도는 완벽하게 정의되어 있으며 생리학자들에게 알려져 있습니다. 똑같은 방식으로 생각은 순간적인 과정처럼 보이지만, 그렇지 않습니다. 왜냐하면 모든 생각은 제가 설명한 단계를 거쳐야 하기 때문입니다. 우리가 감각을 통해 뇌에서 받는 모든 인상은 진정한 사람, 에고, 내면의 영혼에 도달하기 전에 이러한 다양한 등급의 물질을 통과해야 합니다.

물질계와 영혼 사이에는 일종의 통신 체계가 존재합니다. 이 통신선에는 중간 기착지가 있다는 것을 이해하는 것이 중요합니다. 물질계에서만 인상을 받을 수 있는 것은 아닙니다. 예를 들어, 인간 내부의 심령 물질은 에테르 물질에서 진동을 받아 정신 물질로 전달할 수 있을 뿐만 아니라, 그 자체 영역의 주변 물질에서 인상을 받아 정신체를 통해 내면의 진정한 인간에게 전달할 수도 있습니다. 따라서 인간은 자신의 심령체[6]를 이용하여 자신을 둘러싼 심령 세계에서 인상을

---

6. 심령체와 정신체: 우리 인간의 몸은 시간과 공간의 지배를 받는 거친 육체(3차원의 신체), 공간을 초월하는 심령체(4차원의 신체), 시간과 공간을 초월하는 정신체(5차원의 신체)의 세 가지 신체로 구성되어 있다. 이 중 심령체는 인간의 감정과 욕망을 담는 몸이며, 정신체는 인간의 생각과 이성을 담당하는 몸이다.

받고 관찰할 수 있습니다. 또한 정신체를 통해 정신계를 관찰하고 정보를 얻을 수 있습니다. 그러나 이러한 것들을 하기 위해서는 먼저 어떻게 하는지를 배워야 합니다. 즉, 현재 의식이 육체적 뇌에 집중되어 있는 것처럼 심령체나 정신체에 의식을 집중하는 법을 배워야 합니다. 저는 이 주제에 대해 이미 《Clairvoyance(투시)》라는 책에서 자세히 다루었으므로 여기서는 간단히 언급만 하겠습니다.

인식의 한계와 초월적 인식

이 모든 것이 세상에는 단지 가설로 제시되고 있습니다. 하지만 이 주제를 깊이 연구하는 사람들에게는 직접적인 지식과 확신의 문제라는 점을 항상 기억해야 합니다. 이 주제에 처음 접근하는 사람조차도 우리가 이것을 제안하면서 기적에 대한 믿음을 요구하는 것이 아니라는 점을 분명히 알 수 있을 것입니다. 우리는 단순히 하나의 체계에 대한 조사를 초대하고 있을 뿐입니다. 물질의 더 높은 단계들은 우리가 이미 알고 있는 것들로부터 질서 있게 이어집니다. 따라서 각 차원을 어느 정도 독립된 세계로 볼 수 있지만, 실제로는 전체가 하나의 거대한 세계라는 것도 사실입니다. 이 거대한 세계는 고도로 발전된 영혼만이 완전하게 볼 수 있습니다.

이해를 돕기 위해, 불가능하지만 놀라운 가능성을 시사하는 예시를 들어 보겠습니다. 우리가 현재 가진 시각 대신, 다르게 배열된 시각

장치를 가지고 있다고 가정해 봅시다. 인간의 눈에는 고체와 액체 물질이 모두 있습니다. 이 두 종류의 물질이 각각 외부 세계에서 자신에게 해당하는 유형의 물질로부터만 개별적인 인상을 받을 수 있다고 가정해 보겠습니다. 그리고 사람들 중 일부는 고체만 볼 수 있고, 일부는 액체만 볼 수 있다고 가정해 보겠습니다. 이 두 유형의 사람들이 얻는 세계의 개념이 얼마나 불완전할지 생각해 보십시오. 그들이 해변에 서 있다고 상상해 보십시오. 고체 물질만 볼 수 있는 사람은 자신 앞에 펼쳐진 바다를 전혀 인식하지 못하지만, 대신 다양한 기복이 있는 거대한 해저의 빈 공간을 보게 될 것이고, 물고기와 심해의 다른 존재들은 그에게 이 거대한 계곡 위의 공중에 떠 있는 것처럼 보일 것입니다. 하늘에 구름이 가득 있더라도 그는 태양만 볼 수 있기에 태양열이 왜 이렇게 많이 감소하는지 이해할 수 없을 것입니다. 그에게 물 한 잔을 제공한다면, 그에게는 비어 있는 것처럼 보일 것입니다.

이와 대조적으로 액체 상태의 물질만 볼 수 있는 사람의 눈에는 어떤 모습이 나타날지 생각해 보십시오. 그는 실제로 바다를 인식하겠지만, 그에게는 해안과 절벽이 존재하지 않을 것입니다. 그는 구름을 매우 분명하게 인지하지만, 구름이 움직이는 풍경은 거의 보지 못할 것입니다. 물 한 잔의 경우, 그는 용기를 전혀 볼 수 없을 것이므로 물이 어떻게 그렇게 신비롭게 보이지 않는 유리에 의해 주어진 특별한 모양을 유지하는지 전혀 이해할 수 없을 것입니다. 이 두 사람이 나란히 서 있다고 상상해 보세요. 각자는 자신의 시각으로 풍경을 바라보고 있습니다. 그들은 우주에 자신의 시각만이 유일하게 존재한다고 굳게 믿고 있습니다. 더 나아가 그들은 다른 것을 보거나 더 많은 것을 본다고 주장하는 사람은 모두 공상가이거나 사기꾼일 것이라 단정 짓고 있습니다!

우리는 이 가상의 관찰자들의 의심에 미소 지을 수 있지만, 일반 사람들은 자신의 시력이 그들이 보는 세상과 관련하여 그들의 시력보다 훨씬 더 불완전하다는 것을 깨닫기가 매우 어렵습니다. 그리고 자신보다 조금 더 많이 보는 사람들이 실제로는 주장하는 사실을 위해 상상력을 동원하고 있음을 암시하는 경향이 강합니다. 우리의 인식 능력의 한계가 인식해야 할 모든 것의 한계라고 생각하는 것은 우리의 가장 흔한 실수 중 하나입니다. 그러나 과학적 증거는 논쟁의 여지가 없으며, 우리가 보고 들을 수 있는 진동 영역은 전체 영역에 비교해서 매우 작다는 사실은 의심의 여지가 없습니다. 투시자는 단순히 진동의 엄청난 전체 음역에서 다른 옥타브에 반응하는 능력을 스스로 개발하여 더 제한된 인식을 가진 사람들보다 주변 세계를 더 많이 볼 수 있도록 하는 사람입니다.

4장
인간의 다층적 몸체

영적 차원의 구조와 명칭

그림2를 보면 우주의 이러한 영역을 나타낸 도표와 각 영역에 해당하는 인간의 매개체 또는 몸을 지칭하는 데 사용된 이름을 볼 수 있습니다. 신지학 문헌에서 더 높은 영역에 사용된 이름은 산스크리트어에서 파생되었음을 알 수 있습니다. 서양 철학에서는 아직(1902년 당시) 더 미묘한 상태의 물질로 구성된 이러한 세계에 대한 용어가 없기 때문입니다. 이러한 이름들은 각각 특별한 의미를 가지고 있지만, 더 높은 영역의 경우 우리가 그러한 상태에 대해 얼마나 적게 알고 있는지를 나타낼 뿐입니다.

열반은 오랫동안 동양에서 상상할 수 있는 가장 높은 영적 성취의 개념을 전달하기 위해 사용된 용어였습니다. 열반에 도달한다는 것은 인간성을 초월하여 지상의 이해를 훨씬 초월하는 평화와 행복의 수준에 도달하는 것을 의미합니다. 초월적인 영광을 성취하는 수행자가 지상의 모든 것을 완전히 뒤로하기 때문에 일부 유럽의 동양학자들은 처음에 그것이 인간의 완전한 소멸이라고 생각하는 실수를 저질렀습니다. 이 생각만큼 진실과 완전히 반대되는 것은 없습니다.

이 매우 고양된 영적 상태의 고양된 의식을 완전히 사용하는 것은 이 시대 또는 경륜에 대한 인간 진화의 목표에 도달하는 것, 즉 인간 이상의 존재인 아뎁트7가 되는 것입니다. 대다수의 인류에게 이러한 진화는 오랜 진화의 주기 후에야 달성될 것입니다. 하지만 어려움에 굴하지 않고 결연한 의지로, 마치 천국을 강력히 쟁취하려는 자들과 같은 소수의 영혼들은 훨씬 더 이른 시기에 이 영광스러운 보상을 얻을 수 있을 것입니다.

---

7. 아뎁트(Adept)는 인간 진화의 궁극적 목표를 이룬 존재로서, "인간 이상의 존재"로 불린다. 요컨대, 아뎁트는 최고 단계의 영적 진화를 이룬 존재이며, 아라한(Arhat)은 그 바로 아래 단계에 놓인 고도로 진화한 영적 존재로 설명된다.

다차원 우주

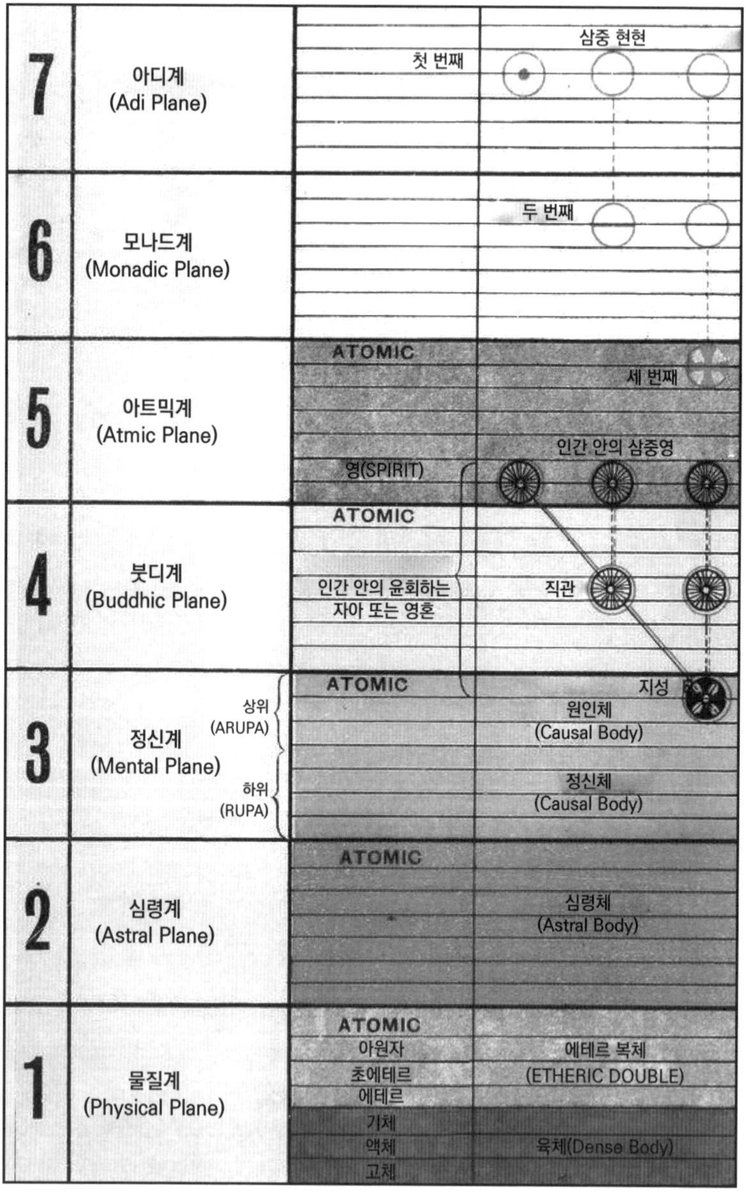

7 아디계 (Adi Plane)	첫 번째	삼중 현현	
6 모나드계 (Monadic Plane)		두 번째	
5 아트믹계 (Atmic Plane)	ATOMIC 영(SPIRIT)	세 번째 인간 안의 삼중영	
4 붓디계 (Buddhic Plane)	ATOMIC 인간 안의 윤회하는 자아 또는 영혼	직관	
3 정신계 (Mental Plane) 상위 (ARUPA) 하위 (RUPA)	ATOMIC	지성 원인체 (Causal Body) 정신체 (Causal Body)	
2 심령계 (Astral Plane)	ATOMIC	심령체 (Astral Body)	
1 물질계 (Physical Plane)	ATOMIC 아원자 초에테르 에테르 기체 액체 고체	에테르 복체 (ETHERIC DOUBLE) 육체(Dense Body)	

그림2

붓디(Buddhic)라는 이름은 네 번째 영역의 물질을 통해 나타나는 인간의 원리 또는 구성 요소에 부여된 이름이며, 정신 영역은 인간의 마음이라고 부르는 것의 활동 영역입니다. 이 영역은 두 부분으로 나뉘며, 색상과 "루파"(Rupa)와 "아루파"(Arupa)라는 이름으로 구분되며, 각각 "형태가 있는"과 "형태가 없는"을 의미합니다. 이것들은 영역의 물질 특성을 나타내기 위해 주어진 이름입니다. 영역의 아래쪽 부분에서는 물질이 인간의 생각 작용에 의해 쉽게 특정한 형태로 형성되는 반면, 더 높은 부분에서는 이런 일이 발생하지 않지만, 그 수준의 더 추상적인 생각은 투시자의 눈에 번쩍임이나 흐름으로 표현됩니다. 이에 대한 더 자세한 설명은 생각과 감정의 작용에 의해 만들어진 많은 흥미로운 모습을 묘사한 책 《Thought-forms(생각의 에너지체)》에서 찾을 수 있습니다.

"아스트랄"(심령)이라는 이름은 우리가 선택한 것이 아닙니다. 우리는 그것을 중세 연금술사들로부터 물려받았습니다. 그것은 "별이 빛나는"을 의미하며, 물리적 영역 바로 위 영역의 물질에 적용된 것으로 추정되는데, 그 이유는 더 빠른 진동 속도와 관련된 빛나는 모습 때문입니다. 심령(아스트랄)계는 욕망, 감정, 감각의 세계입니다. 투시 연구자에게 인간의 모든 감정이 나타나는 것은 이 영역에 있는 인간의 몸체를 통해서입니다. 따라서 인간의 심령체는 곧 자세히 보여드리겠시만 감정이 변함에 따라 끊임없이 모습이 바뀝니다.

우주의 구조와 영혼의 진화

우리 문헌에서는 《The Secret Doctrine(비밀의 교리)》[8]이라는 기념비적인 작품에서 블라바츠키 여사가 제시한 색상표에 따라 각각의 하위 영역을 나타내기 위해 특정 색조가 일반적으로 사용되었습니다. 하지만 이러한 색상은 단순히 구별되는 표시로 사용된다는 것, 즉 단지 상징적이며 적용되는 영역에서 특정 색조가 우세함을 의미하는 것은 아니라는 것을 분명히 이해해야 합니다. 알려진 모든 색상과 현재 우리에게 알려지지 않은 많은 색상이 이러한 각각의 더 높은 우주 영역에 존재합니다. 하지만 한 단계에서 다른 단계로 올라갈수록 색상이 더욱 섬세하고 빛나는 것을 발견하게 되므로 더 높은 옥타브의 색상으로 설명할 수 있습니다. 나중에 보시겠지만, 이러한 영역에 적합한 다양한 매개체에 대한 그림에서 이를 나타내려고 시도했습니다.

각 영역의 수는 7개이고 각 영역은 다시 7개의 하위 영역으로 나뉘는 것을 알 수 있습니다. 이 숫자 7은 다양한 방식으로 나타나는 기초가 되는 것으로 밝혀졌기 때문에 항상 신성하고 신비로운 것으로 여겨져 왔습니다. 우리가 조사하는 것이 가능한 하위 영역에서는 일곱 가지 수준의 세분화가 매우 명확하게 표시됩니다. 이러한 사실로 볼 때 아직 우리의 직접적인 관찰을 넘어서는 더 높은 영역에서도 유사하게 배열되어 있음을 가정할 수 있을 것입니다.

---

8. Adyar Edition, Vol. 5.

인간이 이러한 더 높은 유형의 물질에서 기능하는 법을 배우면서, 그는 더 낮은 삶의 한계를 초월하고 하나씩 벗어던지는 것을 발견합니다. 그는 자신이 3차원이 아닌 다차원 세계에 있음을 알게 되며, 그 사실만으로도 다양한 방향으로 완전히 새로운 가능성이 열립니다. 이러한 추가 차원에 대한 연구는 상상할 수 있는 가장 매혹적인 것 중 하나입니다. 다른 영역을 실제로 볼 수 있는 것만큼은 아니지만, 4차원을 깨닫는 것만큼 심령계의 삶에 대한 명확한 개념을 얻을 수 있는 방법은 없습니다.

지금 당장은 이러한 더 높은 영역에 속하는 의식의 놀라운 확장을 통해 얻은 모든 것을 설명하는 것이 제 목표가 아닙니다. 사실 저는 이전의 다른 책에서 어느 정도 그렇게 했습니다. 이 책에서는 인간이 어떻게 구성되었는지 그리고 어떻게 지금의 모습이 되었는지와 관련된 내용을 중심으로 다룰 것입니다.

인간의 초기 진화 역사는 지울 수 없는 과거의 기록[9]들을 통해 알 수 있습니다. 이 기록들에는 태양계가 생성된 이후 발생한 모든 일들이 담겨 있습니다. 이러한 기록들은 마음의 눈으로 다시 볼 수 있습니다. 관찰자는 마치 자신이 그 당시에 직접 있었던 것처럼 모든 것을 볼 수 있습니다. 여기에는 큰 장점이 있습니다. 세밀한 관찰을 위해

---

9. 아카식 레코드(Akashic Records)를 의미하며 이는 우주에 존재하는 모든 영혼의 기록이 담긴 신성한 에너지장이다. 모든 생각, 감정, 행동, 경험이 이곳에 저장되어 있으며, 깊은 명상이나 고차원적 의식 상태에서 접근이 가능하다고 한다.

특정 장면을 원하는 만큼 오래 볼 수도 있고, 필요하다면 100년 동안의 사건들을 단 몇 분 안에 훑어볼 수도 있습니다. 신성한 기억의 이 놀라운 반영은 정신계 이하 차원에서는 완벽한 확실성을 가지고 접근할 수 없습니다. 따라서 이러한 초기 역사를 정확히 읽기 위해서는, 수행자가 최소한 자신의 정신체의 감각들을 자유롭게 사용하는 법을 배워야 합니다. 만약 수행자가 더 높은 차원인 원인체[10]의 능력까지 통제할 수 있다면, 그의 과제는 더욱 쉬워질 것입니다. 이러한 기록들에 대한 문제는 제가 쓴 《Clairvoyance(투시)》라는 책의 7장에서 더 자세히 다루어졌으니, 더 자세한 내용을 알고 싶은 독자들은 참고하시기 바랍니다.

---

10. 신지학에서 원인체(Causal Body)는 인간의 가장 높은 영적 몸체로 여겨진다. 이는 영혼의 저장소이자 카르마와 과거 생의 경험들이 축적되는 몸체로 설명된다.

5장
신성의 발현
: 삼위일체

인간 존재의 신학적 이해

 이제 우리는 인간이 이 경이로운 우주의 영역 체계 속에서 어떻게 존재하게 되었는지 이해해야 합니다. 이 이해를 위해서는 신학의 영역으로 들어가야 합니다.

 인간의 기원을 이러한 기록들을 통해 살펴보면, 우리는 무엇을 발견하게 될까요? 우리는 인간이 정교하고 아름다운 진화 계획의 결과물이며, 그 안에서 세 가지 신성한 생명의 흐름이 하나로 수렴된다는 것을 발견합니다.

 그리스도교 성경에서는 신이 자신의 형상대로 인간을 만들었다고 이야기합니다. 이는 올바르게 이해했을 때 위대한 비술적 진리를 담고 있는 말씀입니다. 종교들은 신성(神性)이 그 현현에 있어 삼위일체적이라고 공통적으로 설명하며, 인간의 영혼 역시 삼위일체적 본질을 지니고 있음을 알 수 있습니다.

 물론 우리는 지금 절대자, 최고자, 무한자(자연히 우리는 그분이 존재한다는 것 외에는 그분에 대해 알 수 없습니다)에 대해 말하는 것이 아니라, 태양계의 위대한 인도하는 힘 또는 신, 즉 우리 철학에서 로고스[11]라고 불리는 그분의 영광스러운 현시에 대한 것입니다. 우리가 신에 대해 들어 왔던 모든 것, 즉 선, 사랑, 지혜, 힘, 인내와 연민, 전지, 편재, 전능 그리고 그 이상의 모든 것은 우리가 참으로 그 안에서 살고 움직이며 존재하는 태양 로고스에 해당됩니다. 더 높은 차원의 삶을 연구할 때 그분의 행동과 목적에 대한 명백한 증거가 우리 주변의 모든 곳을 둘러싸고 있습니다.

그분의 활동에서 우리에게 보여 주듯이 태양 로고스는 의심할 여지 없이 삼중이며, 하나이면서 셋입니다. 이는 오래전 한 종교에서 우리에게 말해 준 바입니다. 이 신성한 발현을 어떤 방식으로든 그림으로 표현하는 것은 불가능합니다. 이는 우리의 표현력과 이해력을 초월하기 때문입니다. 그러나 그림2에서처럼 간단한 상징을 사용하여 그 일부를 이해할 수 있을지도 모릅니다.

우리 체계의 가장 높은 일곱 번째 차원에서 로고스의 삼중 발현은 세 원으로 나타나며, 이는 그 세 가지 원리를 표현합니다. 각 원리는 그 자체의 고유한 특성과 능력을 가지고 있습니다. 제1원리는 가장

---

11. 신지학에서 '로고스'(Logos)는 우주적 지성과 창조의 원리로 이해된다. 고대 그리스 철학에서 유래한 이 개념은 신지학에서 우주를 형성하고 유지하는 신적인 원리로 확장된다. 로고스는 일반적으로 근본적인 신성의 표현으로 간주되며, 우주의 질서와 구조를 만드는 창조적인 힘으로 설명된다.

높은 차원 아래에서는 발현되지 않습니다. 그러나 제2원리는 여섯 번째 차원까지 내려와 그 차원의 물질로 자기 둘레에 옷을 두릅니다. 이렇게 하여 자신을 별개의 낮은 표현으로 만듭니다. 제3원리는 다섯 번째 차원의 상위 부분까지 내려와 그 차원의 물질로 자신을 둘러싸며, 이는 세 번째 발현을 만듭니다. 이 세 가지 발현은 각각의 차원에서 완전히 독립적이지만, 점선들을 따라가다 보면 이 별개의 인격들이 실제로는 하나의 측면임을 알 수 있습니다. 각기 자신의 차원에서 독립된 인격으로, 서로 대각선으로 연결되지 않았지만, 세 가지가 하나로 연결되는 수준에서 수직적으로 연결되어 있습니다.

그래서 우리는 교회가 "삼위일체 안에서 한 분이신 신을 경배하고, 삼위일체에서 통일성을 유지하며, 위격을 혼동하지 않고 본질을 나누지 않는다."라고 강조하는 것에 아주 실제적인 의미가 있음을 알 수 있습니다. 즉, 각기 자신의 차원에서 별개의 발현으로 작용하고 기능하는 세 가지를 혼동하지 않으면서도, 모든 것을 아우르는 가장 높은 차원에서의 "본질"의 영원한 통일성을 결코 잊지 말라는 것입니다.

여기서 '위격'(Person)이라는 단어의 진정한 의미를 이해하는 것이 중요합니다. 이 단어는 라틴어 'per'와 'sona' 두 단어로 구성되어 있습니다. 따라서 "소리가 통과하는 것"을 의미합니다. 이는 로마의 배우들이 특정 순간에 연기하는 역할을 나타내기 위해 쓰던 가면을 뜻합니다.

이러한 맥락에서, 영혼이 환생을 위해 하강할 때 취하는 일시적인 하위 몸체들의 집합을 우리는 적절하게 "인격"(Personality)이라고 부릅니다. 마찬가지로, 서로 다른 차원에서 나타나는 절대자(the One)의 개별적 현현들을 '위격들'(Persons)이라고 생각하는 것이 옳습니다.

이렇게 우리는 다음과 같이 말할 수 있습니다. "성부의 위격이 다르고 성자의 위격이 다르고 성령의 위격이 다르나, 성부, 성자, 성령의 신성은 하나이며, 영광은 같고 위엄은 함께 영원하다." 각 위격의 발현은 각자의 차원에서 독립적으로 나타나기에, 하나가 다른 것보다 낮아 보일 수 있습니다. 그러나 우리는 일곱 번째 차원을 돌아보며 깨달을 수 있습니다. "이 삼위일체에서는 어느 누구도 앞서거나 뒤서지 않고, 어느 누구도 크거나 작지 않으며, 세 위격은 함께 영원하고 동등하다."라는 것을 깨달을 수 있습니다. 마찬가지로 "각각의 위격은 그 자체로 신이며 주님이며, 세 분의 주님이 아닌 한 분의 주님이다."라는 것을 알 수 있습니다.

두 번째 원리가 물질로 하강하는 것에 대한 많은 진술이 얼마나 명확하고 밝은지 확인해 보세요. 그림3에서 보시게 될 것처럼, 이것에는 더 깊고 광범위한 의미가 있습니다. 더 위대한 하강의 진리는 이 경우에도 마찬가지로 적용됩니다. 우리가 상위 차원에 있는 원리를 생각할 때, 그것은 본질적인 신성입니다. 이 신성은 상대적으로 낮은 물질계에 현현하여 생명을 불어넣습니다. 비록 이 차원들이 우리의 이해를 훨씬 뛰어넘는 것이긴 하지만요. 여기서 우리는 그분이 어떻게 '아버지의 본질을 가진 신이면서, 세상이 있기 전에 태어났고, 동시에 어머니의 본질을 가진 인간으로서 세상에 태어났는지'를 알 수 있습니다. 신성의 한 원리로서 그는 태양계가 생기기 이전부터 존재했습니다. 그러나 그의 물질적 실체로의 발현은 그 태양계의 생명 주기 동안, 여섯 번째 차원의 물질에서 이루어졌습니다.

따라서 "비록 신성과 인성을 모두 지니신 그가 두 존재가 아니라, 하나의 그리스도이며, 이는 신성이 육체로 변한 것이 아니라, 인성을 신성 속으로 흡수함으로써 이루어진 것입니다." 다시 말해, 이는 단순히 본질적인 통일성 때문이 아니라, 낮은 물질로 하강하면서 얻은 모든 것을 그 안으로 다시 끌어들이는 영광스러운 힘 때문입니다. 그러나 이것은 그림3에서 설명된 더 큰 하강에 특히 관련됩니다.

그리스도교 교회에서 일어났던 가장 큰 분열은 동방 교회와 서방 교회, 즉 그리스 정교회와 로마 가톨릭 교회 사이의 것이었습니다. 그 이유로 제기된 교리적 문제는 589년 톨레도 공의회에서 신앙 고백에 "필리오케"(Filioque)라는 단어가 추가되면서 진리가 왜곡되었기 때문이라는 것이었습니다.

쟁점이 된 질문은 성령이 아버지로부터만 나오는가, 아니면 아버지와 아들로부터 나오는가에 대한 것이었습니다. 우리의 도표는 이 논쟁의 핵심을 이해할 수 있게 해 줍니다. 더욱 흥미로운 점은, 양측 모두 옳았다는 것을 보여 준다는 것입니다. 만약 그들이 명확히 이해했다면, 분열은 전혀 일어나지 않았을 것입니다.

　라틴 교회는, 힘이 일곱 번째 차원에서 온다고 인정하는 이상, 그것이 중간의 여섯 번째 차원을 거치지 않고 다섯 번째 차원에 나타날 수 없다고 주장했습니다. 그래서 성령이 아버지와 아들로부터 나온다고 선언했습니다. 반면에 그리스 교회는 세 가지 발현이 명확히 구분되어야 한다고 강조하며, 첫 번째 발현에서 두 번째를 거쳐 세 번째로 이어지는 어떤 이론에도 반대했습니다. 이는 도표에서 첫 번째, 두 번째, 세 번째를 대각선으로 연결하는 것과 같은 이론입니다.

　그림2의 오른쪽에 있는 점선을 보시면, 세 번째 원리가 어떻게 여러 차원들을 통해 하강하는지 보여 줍니다. 이 세 번째 원리는 최종적으로 다섯 번째 차원에서 현현합니다. 이 점선은 당연히 진정한 진행 과정의 핵심을 보여 주는 것입니다. 그리고 이것은 서로 상충되는 것처럼 보이는 두 가지 관념이 완벽하게 조화를 이루고 있음을 보여 줍니다.

신성한 삼위일체

　인간이 신의 형상대로 만들어진 놀라운 방식은 인간 영혼의 삼위일체와 그 위의 신성한 삼위일체를 비교함으로써 볼 수 있습니다. 정통적 해석이 너무나도 물질적으로 이루어져, 이 구절이 문자 그대로 인간의 육체에 관한 것이라고 해석되었습니다. 이는 하나님께서 인간의 몸을 창조하실 때, 그리스도께서 지상에 오실 때 선택할 형태로 예견하셨다는 의미로 해석되었습니다.

그림2를 보면 그 진정한 의미를 바로 알 수 있습니다. 인간의 육체가 아닌, 그의 영혼의 구성은 신성한 발현의 방법을 놀랍도록 정확하게 재현합니다. 마치 신성의 세 원리가 일곱 번째 차원에 나타나는 것처럼, 인간의 영혼 속 신성의 불꽃은 다섯 번째 차원에 세 가지로 모습을 드러냅니다. 두 경우 모두, 두 번째 원리는 한 차원 아래로 내려와 그 차원의 물질로 자기를 감쌀 수 있으며, 세 번째 원리는 두 차원 아래로 내려와 같은 과정을 반복할 수 있습니다. 이로써 두 경우 모두 발현에서는 나누어져 있지만, 그 이면의 실체에서는 하나로 통합된 삼위일체가 존재합니다.

로고스의 세 가지 원리 또는 인격, 발현은 인간 영혼의 준비와 발전에서 특별한 역할을 맡고 있습니다. 이러한 역할을 명확히 하기 위해 도해를 활용할 것입니다. 도해의 수평 구분은 차원을 나타내며, 블라바츠키 여사가 《The Secret Doctrine(비밀의 교리)》에서 설명한 세 가지 상징이 위에 보일 것입니다.

가장 높은 상징은 로고스의 제1원리를 나타내며, 중앙의 점만을 포함하고 있습니다. 이는 우리 체계에서 최초의 발현을 의미합니다. 로고스의 제2원리는 직경으로 나뉜 원으로 상징화되어 있습니다. 이는 항상 삼위일체 중 두 번째 인격과 연관된 이중 발현을 나타냅니다. 마지막으로, 가장 낮은 원은 흔히 제3원리를 상징하는 그리스 십자가를 포함하고 있습니다.

6장
신성한 하강과 우주 창조의 단계

신성의 하강과 우주 형성 과정

신성의 제3원리로부터 우주 체계의 형성을 향한 최초의 움직임이 시작됩니다. 이 움직임이 있기 전에는 우주의 각 차원에 원자적 상태의 물질만이 존재했습니다. 각 차원의 하위 단계를 구성하는 어떠한 집합체나 결합체도 아직 형성되지 않은 상태였습니다. 순수한 물질의 바닷속으로 성령, 즉 니케아 신조에서 말하는 생명을 주시는 분이 하강합니다. 그분의 영광스러운 생명력의 작용으로 물질의 단위체들이 새로운 힘과 가능성으로 깨어납니다. 이를 통해 인력과 반발력이 생겨나고, 각 차원의 하위 구분이 형성되기 시작합니다.

도표에서 이것은 가장 낮은 원으로부터 모든 차원을 관통하여 내려오는 하나의 선으로 상징됩니다. 이 선은 하강할수록 점점 더 넓어지고 어두워집니다. 이는 신성한 영이 물질 속으로 하강하면서 점점 더 깊이 베일에 가려지는 것을 보여 줍니다. 그래서 많은 이들이 가장 낮은 형태 속에 있는 신성을 전혀 인식하지 못하게 됩니다. 하지만 이 생명력은 가장 제한된 낮은 형태 속에서도 여전히 존재하고 있습니다.

이렇게 생명력을 부여받은 물질 속으로 신성한 생명의 두 번째 거대한 하강이 이루어집니다. 삼위일체의 두 번째 페르소나는 '순수한' 혹은 비생산적인 물질만으로 형태를 취하는 것이 아닙니다. 이미 세 번째 페르소나의 생명으로 충만하고 생동하는 물질로 형태를 취합니다. 따라서 생명과 물질 모두가 그분을 옷처럼 감싸게 됩니다. 이것이 바로 그리스도교 신조의 중요한 구절인 "성령과 동정녀 마리아에 의해 육화된"의 진정한 의미입니다. (《그리스도교 신조》 참조)

이 거대한 생명의 흐름은 매우 천천히, 그리고 점진적으로 다양한 차원과 존재의 영역들을 통해 하강합니다. 각 영역에서 보내는 시간은 하나의 행성 연쇄가 완전히 환생하는 기간과 맞먹습니다. 우리의 시간 개념으로 측정하자면, 이는 수백만 년에 달하는 기간입니다.

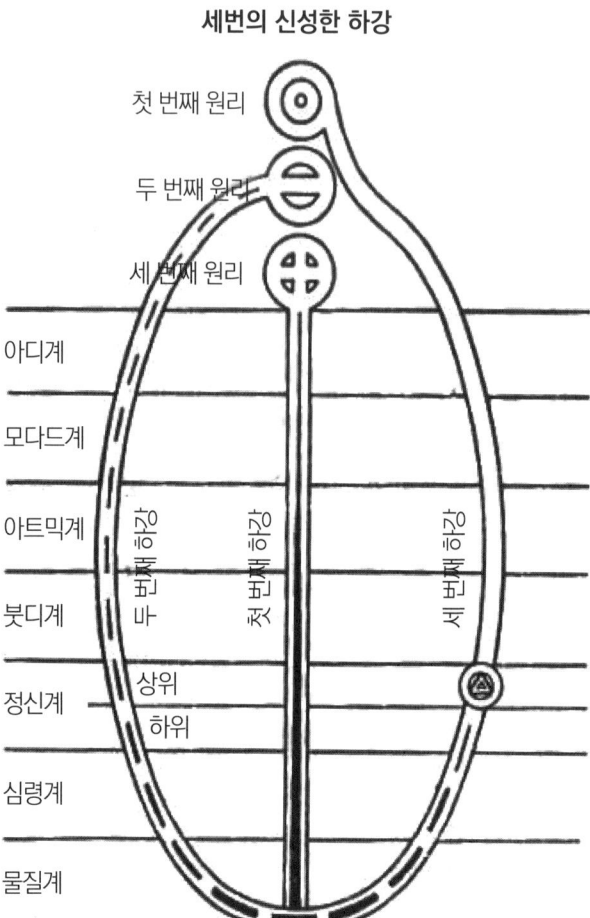

그림3

이 흐름은 그림3에서 두 번째 원에서 시작하여 타원의 왼쪽을 따라 내려가는 선으로 표현되어 있습니다. 이 선은 최저점에 가까워질수록 점점 어두워집니다. 최저점을 지난 후, 이 선은 상승 궤도를 시작합니다. 물질계, 심령계 그리고 하위 정신계를 통과하여 상승하다가 세 번째 큰 하강의 흐름과 만나게 됩니다. 이 세 번째 하강은 가장 높은 원에서 시작하여 큰 타원의 오른쪽을 형성하는 선으로 표현됩니다. 이 두 선의 만남에 대해서는 나중에 더 자세히 설명하겠습니다. 지금은 하강하는 곡선에 주목해 보겠습니다. 이를 더 잘 이해하기 위해 그림4를 살펴보겠습니다. 이 도표는 매우 다르게 보이지만, 사실 그림3과 매우 밀접하게 연관되어 있습니다. 왼쪽의 여러 색으로 된 기둥은 그림3의 왼쪽에서 아래로 흐르는 곡선과 동일합니다. 또한 도표의 나머지 부분을 구성하는 모든 피라미드 형태의 도형들은 그림3의 오른쪽에 있는 상승 곡선의 초기 부분을 다양한 성장 단계로 표현한 것입니다.

모나드 원소의 진화와 영혼의 분화

하강의 각 단계에서 특별한 이름으로 불리는 것을 알 수 있습니다. 전체적으로는 '모나드 원소'(Monadic essence)라고 불리며, 특히 다양한 차원의 궁극적 물질만을 입고 있을 때 그렇게 불립니다. 그러나 하강 과정에서 정신계의 상위 부분에서 활동할 때는 '제1원소계'로 알려져 있습니다.

이 하강의 진화 과정에서 전체 연쇄기간(Chain-period)을 보낸 후, 동일한 차원의 하위 또는 형상계(Rupa) 수준으로 내려가서, 거기서 또 다른 연쇄기간 동안 제2원소계에 생명을 불어넣게 됩니다.

그다음 시대는 심령계에서 보내게 되는데, 여기서는 '제3원소계' 또는 간단히 '심령계의 에테르 원소'이라고 불립니다. 이 두 단계에서 인간과 매우 밀접하게 연결되어 있는데, 이는 인간의 다양한 몸체 구성에 큰 부분을 차지하며 인간의 생각과 행동에 영향을 미치기 때문입니다.

하지만 이것은 현재 우리의 주제에서 벗어납니다. '욕망-원소'와 '정신-원소'가 인간에게 미치는 이러한 작용에 대한 자세한 설명은 다른 신지학 저작들을 참고하시기 바랍니다. 욕망-원소에 대한 장은 《The Other Side of Death(죽음의 다른 면)》에서 찾아 보실 수 있습니다.

신성한 힘의 거대한 생명의 파동이 예정된 경로의 가장 낮은 지점에 도달하면, 그것은 물질계에 잠기게 됩니다. 이 시기에, 그리고 그것이 긴 상승의 여정을 시작한 후 얼마 동안은, 이 생명의 파동은 특정 연쇄(Chain)의 광물계를 활성화하고 영혼을 부여합니다. 이 단계에서 이것은 때때로 "광물 모나드"라고 불립니다. 마찬가지로 진화의 후기 단계에서는 "식물 모나드" 또는 "동물 모나드"라고 불리기도 합니다. 하지만 이러한 명칭들은 다소 오해의 소지가 있습니다. 왜냐하면 이 용어들이 마치 하나의 거대한 모나드가 전체 계(Kingdom)에 생명을 부여하는 것처럼 보이게 만들기 때문입니다.

이 모나드 원소가 처음 우리 앞에 나타날 때, 즉 최초의 원소계에서조차도, 그것은 이미 하나의 모나드가 아닌 많은 모나드들로 존재합니다. 이는 하나의 거대한 생명의 흐름이 아니라 각각 고유한 특성을 지닌 여러 개의 평행한 흐름들입니다. 전체 체계는 점점 더 분화되는 경향을 보입니다. 이러한 흐름들이 한 존재의 영역에서 다른 영역으로 하강하면서, 그들은 점점 더 많이 나뉘고 세분화됩니다. 이 모든 진화가 시작되기 전에는 이 거대한 하강이 동질적이었던 시점이 있었을 수도 있습니다. 하지만 그 상태를 실제로 본 사람은 아무도 없습니다. 그리고 첫 번째 거대한 진화 단계가 끝날 무렵에는 이 흐름은 최종적으로 개별적인 존재들로 나뉘게 됩니다. 이때 각 인간은 분리된 영혼이 되지만, 아직은 미성숙한 영혼의 상태입니다.

이 두 극단 사이의 모든 지점에서 그 상태는 중간적입니다. 항상 분리가 일어나지만, 아직 개체화의 단계까지는 이르지 않았습니다. 우리가 다루는 것이 외형이 아닌 영혼을 불어넣는 힘 또는 생명의 진화라는 점을 절대 잊어서는 안 됩니다. 이 영혼을 불어넣는 에너지는 물질적 환생을 통해 얻은 특성들을 통해 진화합니다.

예를 들어, 식물계에서는 각각의 식물마다 개별적인 영혼이 있는 것이 아니라, 엄청난 수의 식물들이 — 어떤 경우에는 한 종(種) 전체가 — 하나의 집단 영혼을 공유합니다. 동물계에서는 이러한 분화가 훨씬 더 진행되었습니다. 하급 곤충의 경우 하나의 영혼이 수백만의 육체에 생명을 불어넣을 수 있지만, 고등동물의 경우에는 비교적 적은 수의 물질적 형태들이 하나의 집단 영혼의 표현이 됩니다.

7장

동물의 집단 영혼

집단 영혼의 이해

　많은 학생들에게 집단 영혼이라는 개념은 새롭고 어렵게 느껴질 수 있습니다. 아마도 동양의 비유가 이를 더 쉽게 이해하는 데 도움이 될 것입니다. 그들은 집단 영혼을 양동이 속의 물과 같다고 말합니다. 양동이에서 텀블러 가득 물을 꺼냈다고 가정하면, 우리는 단일 동물의 영혼을 표현하는 모습을 보게 될 것입니다. 컵 속의 물은 한동안 양동이 속의 물과 완전히 분리되어 있으며, 그것을 담고 있는 컵의 형태를 취합니다. 컵 속의 물에 특정량의 색소를 넣어 그 물이 독특한 색조를 띠게 되었다고 가정해 보겠습니다. 이 색소는 일시적으로 분리된 영혼이 겪는 다양한 경험을 통해 발달된 특성을 나타냅니다.

　동물의 죽음은 컵의 물을 양동이에 다시 붓는 것으로 표현될 수 있으며, 이때 색소는 즉시 물 전체로 퍼져 희미하게 색을 입힐 것입니다. 똑같은 방식으로, 분리된 동물의 삶 동안 발달된 모든 특성은 동물이 죽은 후 전체 집단 영혼에 분배될 것입니다.

　양동이에서 똑같은 물 한 잔을 다시 꺼낼 수는 없지만, 그 후에 꺼

낸 모든 물은 필연적으로 첫 번째 잔에서 가져온 물질의 영향을 받아 색깔이 변할 것입니다. 양동이에서 정확히 같은 물 분자를 꺼내서 첫 번째 잔을 정확히 재현할 수 있다면, 그것은 진정한 환생일 것입니다. 그러나 그것이 불가능하기 때문에, 우리는 대신 임시 영혼이 그룹 영혼으로 재흡수되는 과정을 거칩니다. 그럼에도 불구하고, 이 과정에서 일시적인 분리를 통해 얻은 모든 것은 주의 깊게 보존됩니다.

한 번에 한 잔씩이 아니라 여러 잔이 동시에 각 양동이에서 채워지고, 각 잔은 진화된 질의 할당량을 집단 영혼으로 가져옵니다. 따라서 시간이 지남에 따라 각 집단 영혼 내에서 많은 다른 특성이 개발되고, 물론 그것을 표현하는 모든 동물에 내재된 것으로 나타납니다. 따라서 특정 생물이 태어날 때 가지고 있는 명확한 본능이 생겨났습니다. 오리 새끼는 알에서 풀려나는 순간 물을 찾고 두려움 없이 헤엄칠 수 있습니다. 비록 물을 두려워하는 암탉에 의해 오리가 부화되어, 암탉이 생각하는 죽음으로 돌진하는 것을 보고 몹시 걱정하더라도 말입니다. 그러나 오리 새끼를 통해 기능하는 그룹 영혼의 조각은 이전 경험을 통해 물이 자신의 자연스러운 요소임을 완벽하게 알고 있으며, 작은 몸은 두려움 없이 그 명령을 수행합니다.

집단 영혼의 진화와 분화

집단 영혼 내에서는 항상 더욱 세분화하려는 경향이 꾸준히 작용하고 있습니다. 이는 더 높은 차원에서 일어나는 현상으로, 세포가 분열하는 방식과 기묘한 유사성을 보입니다. 정신계에는 거대한 물질 덩어리를 생생하게 활성화시키는 집단 영혼이 존재합니다. 이 집단 영혼 안에서 희미하게 감지되는 막이 나타나기 시작합니다. 마치 양동이 안에 장벽이 서서히 형성되는 것과 같습니다. 처음에는 물이 이 장벽을 어느 정도 통과할 수 있습니다. 하지만 장벽의 한쪽에서 떠낸 물은 항상 같은 쪽으로만 되돌아가게 됩니다. 시간이 지나면서 장벽의 한쪽 물은 다른 쪽 물과 차별화되기 시작합니다. 그러다가 장벽은 점차 밀도가 높아지면서 불침투성이 됩니다. 결국 하나였던 양동이는 두 개로 나뉘게 됩니다.

이 과정은 계속 반복되어, 우리가 정말 고등동물에 이르렀을 때는 비교적 적은 수의 개체들이 각 집단 영혼에 연결되어 있습니다. 개체를 동물계에서 인간으로 확고히 상승시키는 그 개체화는 특정한 유형의 동물에서만 일어난다는 것이 밝혀졌습니다. 이러한 개별화는 길들여진 생명체들 중에서도 일부에서만 발생하며, 모든 종류에서 이러한 개체화가 일어나는 것은 아닙니다. 우리는 현재 이 세계 사슬의 진화 과정에서 절반을 조금 넘은 정도에 있다는 점을 기억해야 합니다. 동물계가 인간성을 획득할 것으로 예상되는 시점은 이 진화의 끝에 가서입니다. 따라서 현재 개별화를 달성하거나 접근하고 있는 동물은 다른 동물들보다 매우 앞서 있어야 하며, 그런 경우의 수는 당연히 매우 적습니다. 그럼에도 불구하고 이런 일은 가끔 발생하며, 이는 우리에게 매우 흥미롭습니다. 왜냐하면 이것이 먼 과거에 우리 자신이 어떻게 존재하게 되었는지를 보여 주기 때문입니다. 우리가 개별화되었던 달의 동물계는 현재의 동물계보다 약간 낮은 수준이었지만, 채택된 원리는 거의 정확히 동일했던 것으로 보입니다.

8장
의식 진화의 단계적 발전
: 광물계에서 동물계까지

영혼의 하강과 상승 과정

 이것을 자세히 설명하기 전에 그림4를 다시 참조해야 합니다. 이 도표의 주요 부분을 차지하는 다양한 색상의 밴드는 모나드 원소의 상승 과정에서 다양한 단계를 나타냅니다. 영혼의 하강 과정은 도표의 왼쪽 열에 나타나 있습니다. 이 과정에서 영혼은 단순히 다양한 차원의 여러 종류의 물질을 자신 주위에 모읍니다. 영혼은 이 물질들이 진동과 인상을 전달할 수 있도록 적응시키고 훈련시킴으로써 물질을 발전시킵니다. 동시에 영혼 자신도 각 차원에서 이러한 인상들을 쉽게 받아들이고 반응할 수 있는 능력을 획득합니다. 그러나 영혼이 물질 속에 가장 깊이 잠기는 최저점에 도달하고 나면, 신성을 향한 위대한 상승의 진화가 시작됩니다. 이때 영혼의 작업은 다소 달라집니다. 이제 영혼의 목표는 이러한 다양한 차원에서 자신의 의식을 완전히 발전시키는 것입니다. 영혼은 각 차원에서 구성한 신체들을 제어하는 법을 배우고, 이들을 확실한 몸체로 사용하는 법을 익힙니다. 이렇게 함으로써 이 신체들은 단순히 외부의 인상을 영혼에게 전달하는 다리 역할을 하는 것에 그치지 않고, 영혼이 각 차원에서 자신을 표현할 수 있게 해 주는 도구가 됩니다.

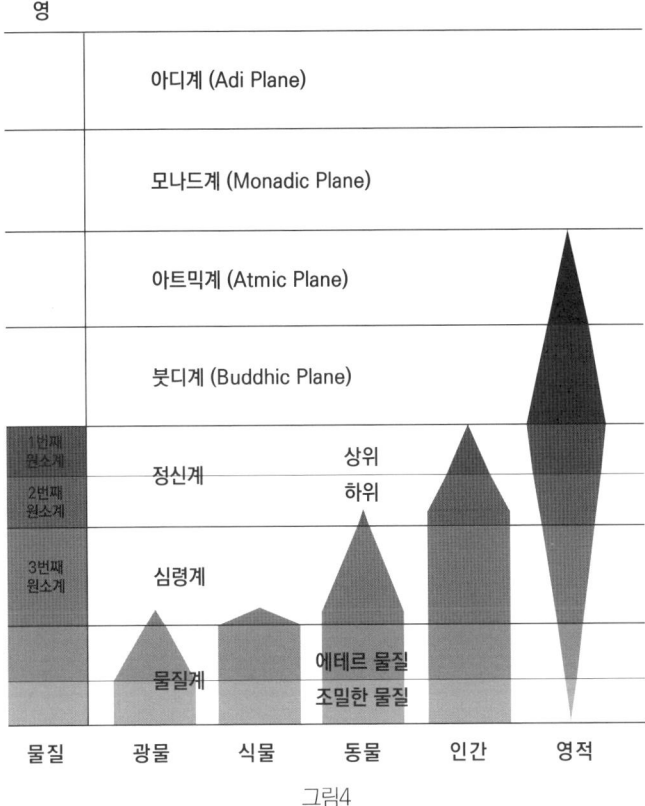

그림4

    이러한 노력에서 인간은 자연스럽게 가장 낮은 물질부터 시작합니다. 이 물질의 진동은 가장 크고 거칠지만, 동시에 가장 약하고 침투력이 낮아 제어하기가 가장 쉽기 때문입니다. 그 결과, 인간은 더 높은 원리들을 잠재적으로 가지고 있음에도 불구하고, 처음에는 오랫동안 물리적 신체에서만 완전히 의식적입니다. 그 후 점진적으로 자신의 심령체(감정체)에서 의식을 발달시킵니다. 정신체에서의 의식 발달은 훨씬 더 나중 단계에 이루어집니다.

광물, 식물, 동물계의 의식 발달 단계

그림4를 보면, 각 계를 나타내는 별도의 밴드나 리본이 있음을 알 수 있습니다. 광물계에 해당하는 밴드에서는 물질계의 더 밀도 높은 부분에서만 전체 폭이 발달되어 있습니다. 에테르 물질에 해당하는 밴드의 부분에서는 더 높은 차원에 접근할수록 밴드의 폭이 점점 좁아지는 것을 볼 수 있습니다. 물론 이것은 광물계에서 에테르 물질의 더 높은 부분에 대한 영혼의 제어가 아직 완벽하게 개발되지 않았음을 나타냅니다. 또한 어느 정도의 의식이 이미 심령 물질을 통해 작용하고 있음을 보여 주는 작은 빨간색 점[12]이 있습니다. 즉, 어느 정도의 욕망이 이미 나타나고 있습니다.

많은 사람들에게 광물계와 관련하여 욕망에 대해 이야기하는 것이 이상하게 보일 수 있습니다. 그러나 모든 화학자는 화학적 친화력에서 다양한 원소가 선호도를 매우 뚜렷하게 나타내는 것을 알고 있습니다. 그리고 그것은 욕망의 시작이 아닙니까? 한 원소는 다른 원소와의 결합을 너무나 강하게 원하기 때문에, 결합하기 위해 현재 결합되어 있는 다른 물질을 즉시 버릴 것입니다. 실제로, 우리는 다양한 원소의 이러한 선호를 이해함으로써 원하는 다양한 기체를 얻습니다. 예를 들어, 산소와 수소는 물에서 결합하지만, 물에 나트륨을 넣으면 산소가 수소보다 나트륨을 더 좋아하고 즉시 수소를 버리고 나트륨과 결합합니다. 따라서 우리는 물 대신 수산화나트륨이라는 화

---

12. 이 책 컬러 도판 모음에서 컬러로 된 도표와 그림들을 확인할 수 있다.

합물을 얻고, 방출된 수소는 빠져나갑니다. 또는 묽은 염산(염소와 결합된 수소)에 아연 가루를 넣으면 염소가 아연과 결합하기 위해 수소를 버리는 것을 볼 수 있습니다. 따라서 염화아연이 남고 수소는 방출되어 수집될 수 있습니다. 따라서 우리가 광물계에서 욕망의 작용에 대해 이야기하는 것이 정당하다는 것을 알 수 있습니다.

이제 식물계를 상징하는 밴드를 보면, 밀도가 높은 물질계뿐만 아니라 에테르 부분에서도 전체 너비를 갖는 것을 알 수 있습니다. 또한 욕망을 상징하는 지점이 더욱 발달하여 더 낮은 심령 물질을 활용하는 능력이 훨씬 더 큼을 나타냅니다. 식물학을 공부해 본 사람이라면 누구나 알 수 있듯이, 식물계에는 좋아함과 싫어함(즉, 욕망의 형태들)이 광물계보다 훨씬 더 뚜렷하게 나타납니다. 많은 식물들은 자신의 목적을 달성하는 데 놀라운 창의성과 지혜를 보여 줍니다. 비록 우리의 관점에서 보면 그들의 목적이 제한적으로 보일 수 있지만 말입니다.

동물계를 나타내는 밴드를 보면 의식이 훨씬 더 발전했음을 알 수 있습니다. 이 밴드는 물질계 전체를 통과할 뿐만 아니라, 심령계의 가장 낮은 하위 차원까지도 완전한 폭을 유지하고 있음을 주목할 수 있습니다. 이는 동물이 낮은 차원의 욕망들을 최대한으로 경험할 수 있는 능력이 있다는 것을 보여 줍니다. 하지만 보다 상위의 하위 차원으로 올라갈수록 이 밴드가 급격히 좁아지는 것을 볼 수 있는데, 이는 동물이 더 높은 차원의 욕망을 경험하는 능력이 매우 제한적이라는 것을 알려 줍니다. 따라서 예외적인 경우에 동물이 매우 높은 수준의 애정이나 헌신을 나타낼 수 있습니다.

또한 동물계를 나타내는 밴드가 녹색 점으로 끝나는 것을 볼 수 있습니다. 이는 이 단계에서 이미 지능이 발달하여 정신 물질을 사용하여 나타냄을 의미합니다. 한때 이성이 인간과 동물을 구별하는 특징이며, 인간은 이 능력을 가지고 있지만 동물은 본능만 가지고 있다고 생각되었습니다. 그러나 사랑스러운 반려동물만 보더라도 그것은 확실히 잘못된 생각입니다. 개나 고양이를 키우고 친구가 된 사람이라면 분명히 그러한 동물들이 원인에서 결과에 이르기까지 추론하는 능력을 행사한다는 것을 관찰했을 것입니다. 물론 그들의 이성이 작용할 수 있는 범위는 작고 제한적이며, 능력 자체는 우리보다 훨씬 약합니다. 일반적인 동물의 경우, 이 지점은 정신계의 가장 낮은 하위 구분의 물질에서 작용하는 가장 낮은 종류의 이성만을 포함하는 것으로 아주 정확하게 표시됩니다. 그러나 고도로 발달된 동물의 경우, 이 지점은 물론 점으로 남아 있고 밴드의 전체 너비가 아니지만, 4개의 낮은 차원 중 가장 높은 차원까지 쉽게 확장될 수 있습니다.

9장

인간 의식의 발달과 깨어남

의식의 스펙트럼

 인간을 나타내는 색상 밴드를 살펴보면, 즉시 몇 가지 새로운 특징을 발견하게 됩니다. 이 경우 밴드는 물질계 전체뿐만 아니라 심령계 전체에서도 전체 너비를 유지합니다. 이는 인간이 가장 낮은 것뿐만 아니라 가장 높은 것을 포함하여 가능한 한 모든 종류의 욕망을 최대한 경험할 수 있음을 보여 줍니다. 또한 정신계의 가장 낮은 차원에서 전체 너비를 나타내는데, 이는 해당 차원까지 인간의 추론 능력이 완전히 개발되었음을 나타냅니다. 그러나 그보다 더 높은 차원에서는 아직 개발이 완전히 이루어지지 않았습니다. 하지만 더 높은 정신계에 있는 진한 파란색 삼각형에서 완전히 새로운 요소가 도입되는데, 이는 인간이 원인체와 영구적인 환생하는 자아를 소유하고 있음을 나타냅니다. 이 파란색 삼각형은 그림3에서 볼 수 있는 원 안의 다른 삼각형에 해당합니다. 대부분의 사람들에게 있어, 높은 정신적 수준에서 의식을 나타내는 지점은 세 번째 또는 가장 낮은 수준을 넘어서지 않습니다. 그의 발전이 진행됨에 따라, 자아는 점진적으로 이 수준의 두 번째 또는 첫 번째 하위 단계로 의식을 끌어올릴 수 있게 됩니다.

물론 인간이 아직 이러한 높이에서 의식적으로 기능할 수 있다는 것은 아닙니다. 가장 진화의 초기 단계인 유형에서는 정신적 발달도 어느 정도 진행되었지만 욕망이 여전히 가장 두드러진 특징입니다. 그러한 사람은 살아 있는 동안 잠을 자는 중에 심령체에서 희미한 의식을 가지고 있습니다. 그리고 죽음 이후에는 낮은 심령계의 하위 차원들에서 매우 완전한 의식을 가지고 활발하게 활동하게 됩니다. 사실, 그 낮은 심령계의 생활은 보통 그의 환생 사이의 간격의 거의 대부분을 차지합니다. 왜냐하면 그는 아직 천상계의 삶을 거의 가지고 있지 않기 때문입니다. 이 수준에서 인간의 의식은 의심할 여지 없이 심령체의 아주 낮은 부분에 집중되어 있으며, 그의 삶은 주로 물질계와 관련된 감각에 의해 지배됩니다.

우리 문명의 일반적인 사람은 더 높은 심령이 작용하기 시작했지만 여전히 전적으로 자신의 감각 속에서 살고 있습니다. 그러나 여전히 그에게 행동을 이끄는 중요한 질문은 무엇이 옳거나 합리적인가가 아니라 단순히 자신이 무엇을 하고 싶어 하는가입니다. 더 교양 있고 발전된 사람들은 이성으로 욕망을 다스리기 시작합니다. 즉, 의식의 중심이 점차 더 높은 심령에서 더 낮은 정신으로 옮겨 가고 있습니다. 인간이 천천히 발전함에 따라 의식의 중심은 더욱더 높아지고, 그는 이익과 욕망보다는 도덕에 의해 지배되기 시작합니다.

이러한 다양한 몸을 영혼이 의식적으로 기능할 수 있는 명확한 매개체로 사용할 수 있다는 것은 또 다른 더 큰 발전입니다. 상당히 발전되고 교양 있는 사람은 심령체에서 의식이 완전히 발달되어 있으며, 이를 습관적으로 사용하기만 한다면 의식의 몸체로 사용할 수 있습니다. 그러나 이를 위해서는 명확한 노력이 필요합니다. 대다수의 사람들은 심령체나 그 용도에 대해 전혀 알지 못하며, 따라서 당연히 어떤 노력도 하지 않습니다. 사람들은 오랜 세월 동안 심령 능력을 사용하지 않으며 살아온 전통을 가지고 있습니다. 이 능력은 서서히 껍질 안에서 자라 왔습니다. 마치 병아리가 알 안에서 자라는 것처럼 말이죠. 이 껍질은 보통 사람이 자아 중심적인 생각의 무게에 갇혀 있는 상태로 형성됩니다. 사람은 낮 동안 마음을 사로잡았던 생각을 밤에 잠들면서도 그대로 이어 갑니다. 그래서 자신이 만든 두꺼운 벽으로 둘러싸여 바깥에서 벌어지는 일을 거의 알지 못하게 됩니다. 가끔은 외부의 강한 충격이나 내부의 강렬한 욕구가 순간적으로 이 안개 커튼을 헤집고 찰나의 인상을 받게 할 수 있습니다. 그러나 그 순간이 지나면 안개는 다시 빠르게 닫히고, 그는 전과 같이 무심하게 꿈꾸게 됩니다.

깨어남의 네 가지 방법

이 껍질은 여러 방법으로 깨질 수 있습니다.

첫 번째로, 먼 미래에는 인간의 느리지만 확실한 진화가 이 안개 커튼을 서서히 흩어지게 할 것입니다. 그러면 인간은 자신을 둘러싼 강력한 생명 활동이 가득한 세상을 점차 의식하게 될 것입니다.

두 번째 방법은, 상황의 사실을 알게 된 사람이 내부에서 꾸준하고 지속적인 노력을 통해 안개를 걷어 내고 오랜 비활동으로 인한 관성을 점차 극복하는 것입니다. 물론 이것은 자연적인 과정을 가속화하는 것에 불과합니다. 만약 수행자가 다른 측면에서도 동일한 속도로 발전하고 있다면, 이는 전혀 해롭지 않을 것입니다. 하지만 주의해야 할 점이 있습니다. 수행자가 자연스럽게 선행되어야 할 힘과 지식 그리고 도덕적 발달을 이루지 못한 상태에서 이러한 각성을 얻게 된다면, 두 가지 위험에 직면하게 됩니다. 첫째는 획득한 능력을 오용할 위험이 있으며, 두 번째는 이해하지도 통제하지도 못하는 힘들 앞에서 두려움에 압도될 수 있습니다.

세 번째 방법은, 어떤 사고나 마법 의식의 불법적인 사용으로 인해 베일이 완전히 닫히지 않을 정도로 찢어질 수 있다는 것입니다. 그러한 사람은 마담 블라바츠키가 그녀의 이야기 《마법에 걸린 삶(A Bewitched Life)》에서 또는 불더 라이튼(Bulwer Lytton)이 그의 강력한 소설 《자노니(Zanoni)》에서 잘 묘사한 것처럼 끔찍한 상태에 남게 됩니다.

네 번째 방법은, 어떤 사람을 깊이 알고 있는 친구가 있다고 가정해 봅시다. 이 친구는 그 사람이 심령계의 위험에 맞서 그곳에서 이타적인 일을 할 수 있다고 믿습니다. 이런 경우, 그 친구는 외부에서 그 사람의 '오라'(우리의 영적 에너지체를 둘러싼 보호막)에 작용하여 그를 깨워 구체적인 행동을 하도록 할 수 있습니다. 당연히 이렇게 누군가를 깨우는 사람은 매우 큰 책임을 지게 됩니다.

오랜 시간 친밀한 관계를 통해, 경험 많은 영적 작업자는 젊은 지원자가《Invisible Helpers(보이지 않는 조력자들)》19장에서 언급된 모든 자질을 어느 정도 갖추고 있다고 확신할 때만 이 책임을 집니다. 하지만 조력자의 중요성이 매우 큰 만큼, 모든 지원자는 자신이 준비되었다고 판단되는 즉시 지체 없이 깨어나게 될 것이라고 확신해도 됩니다. 그러나 자신에게 이러한 기회가 없다고 느끼는 사람들은 언제든 위에서 언급한 두 번째 방법을 선택할 수 있습니다. 그러나 그렇게 하기 전에, 다른 영역에서 필요한 발전을 확실히 이루었는지 철저히 확인하는 것이 좋습니다. 그렇지 않으면 빠르고 확실하게 실패할 수 있기 때문입니다.

그러나 완전한 각성 상태에 이르지 않더라도 많은 영적 작업을 할 수 있으며, 실제로 그렇게 하고 있습니다. 매일 밤 잠들 때 특정한 일을 하겠다는 명확한 의도를 가진 사람은 물리적 육체에서 벗어나자마자 확실히 그 의도를 실행하려 할 것입니다. 그러나 그 특정 사안에 대해 최선을 다한 후에는, 거의 확실히 다시 안개(영적 무지의 상태)에 둘러싸이게 됩니다. 이는 오랫동안 물리적 두뇌와 분리된 상태에서 새로운 행동을 시작하는 데 익숙하지 않았기 때문입니다. 많은 사람들이 매일 밤 최소한 한 가지의 도움이 되는 행동을 하도록 이런 방식으로 실천합니다. 많은 경우, 이 행동은 수면 시간 전체를 차지하여 그들이 할 수 있는 최대한의 노력을 기울이게 됩니다.

우리는 또한 효과적인 도움을 줄 수 있는 것이 수면 중에만 국한되지 않는다는 점을 기억해야 합니다. 강력하고 살아 있는 생각은 언제든 보낼 수 있으며, 그 효과는 반드시 나타납니다. 그러나 확실히 각성된 사람과 그렇지 않은 사람의 차이점은 다음과 같습니다.

1) 각성된 사람의 경우, 안개의 장막(영적 무지)이 영원히 걷혔습니다.
2) 각성되지 않은 사람의 경우, 안개의 장막이 일시적으로 열렸다가 다시 이전처럼 불투명하게 닫힙니다.

10장
세 번째 신성한 하강
: 집단 영혼에서 개별 영혼

신성한 하강과 인간 영혼의 형성

인간의 영혼 형성을 이해하기 위해서는 또 다른 중요한 요소를 고려해야 합니다. 이는 신성한 생명의 세 번째 하강으로, 로고스(우주의식)의 첫 번째 측면에서 나옵니다. 이 하강은 각 인간 내부에 "위로 올라가는 인간의 영"을 만듭니다. 이는 "아래로 내려가는 동물의 영"과 대조됩니다. 이를 해석하면 동물의 영혼은 육체 사망 후 자신이 속한 집단 영혼이나 블록으로 되돌아갑니다. 반면 인간 내의 신성한 영은 그렇게 되돌아갈 수 없으며, 자신이 왔던 신성을 향해 계속해서 위로 올라갑니다.

이 세 번째 생명의 파동은 그림3의 오른쪽 밴드로 표현됩니다. 이 경우 하강이 진행됨에 따라 더 어두워지거나 물질화되지 않는다는 점에 주목해야 합니다. 이 하강은 붓디계 이하로 스스로 내려갈 수 없는 것으로 보입니다. 그래서 그곳에서 거대한 구름처럼 맴돌며, 두 번째 하강과 결합할 기회를 기다립니다. 두 번째 하강은 천천히 상승하여 이를 만나려 합니다. 이 구름은 아래에 있는 본질에 지속적인 끌림을 행사하는 것 같지만, 결합을 가능하게 하는 발전은 아래에서부터 이루어져야 합니다.

　동양에서는 초심자가 이 과정을 이해하도록 돕기 위해 용오름의 형성을 예시로 드는 경우가 많습니다. 바다 위를 맴도는 거대한 구름이 있고, 그 표면에는 파도가 끊임없이 형성되고 움직입니다. 이윽고 구름에서 거대한 손가락이 뻗어 나옵니다. 맹렬하게 회전하는 증기로 이루어진 거꾸로 된 원뿔 모양입니다. 그 아래에서 바다에 빠르게 소용돌이가 형성되는데, 일반적인 소용돌이처럼 표면이 움푹 들어간 것이 아니라 표면 위로 솟아오른 회전하는 원뿔 모양입니다. 둘은 점점 가까워지다가 인력이 그 사이의 공간을 뛰어넘을 만큼 강해지면 갑자기 전에는 아무것도 없던 곳에 물과 증기가 섞인 거대한 기둥이 형성됩니다.

　마찬가지로 동물계의 집단 영혼은 끊임없이 개별적인 형태로 환생을 반복합니다. 이것은 마치 바다 표면에 일시적으로 생겼다 사라지는 파도와 같습니다. 이러한 환생과 분리의 과정이 계속되면서, 결정적인 순간이 옵니다. 그것은 파도 하나가 충분히 높이 솟아올라 상공에 떠 있는 구름과 만나게 되는 순간입니다. 그러면 그 존재는 기존과 다른 새로운 존재로 발전하게 됩니다. 이 존재는 더 이상 이전의 집단 영혼에 속하지 않고, 바다(집단)로 돌아가지 않습니다. 이제는 바다와 구름의 성질을 모두 가진 중간 상태에 있게 되는 것입니다.

　정말 똑똑한 애완동물과 친구가 되어 본 사람이라면 이것이 어떻게 일어나는지 쉽게 이해할 수 있을 것입니다. 사랑하는 주인에 대한 동물의 엄청난 헌신과 주인의 바람을 이해하고 기쁘게 하기 위해 동물이 기울이는 엄청난 정신적 노력을 보았을 것이기 때문입니다. 분명히 동물의 지능과 애정 및 헌신의 힘은 이러한 노력을 통해 엄청나게 발전할 것입니다. 그리고 마침내 동물이 자신의 집단 영혼의 일반적 수준을 훨씬 뛰어넘어 완전히 분리되는 시점이 올 것입니다. 이렇게 분리됨으로써 동물은 세 번째 하강을 받아들일 수 있는 적합한 몸체가 되며, 이 하강과의 결합을 통해 형성된 개체는 이후 신성으로 돌아가는 자신만의 진화의 길을 따르게 됩니다.

"때로 사람들은 이런 의문을 제기합니다. 모나드 원소는 태초에 신성한 것이었고, 결국에는 다시 신성으로 돌아갑니다. 또 인간의 모나드는 물질계를 통한 긴 여정을 시작할 때는 전지전능하고 완전히 선한 상태였습니다. 그렇다면 왜 이 모든 진화의 과정을 거쳐야만 할까요? 특히 이 과정에는 많은 슬픔과 고통이 포함되어 있는데, 단지 마지막에 원래의 근원으로 돌아가기 위해서 이런 과정이 필요한 걸까요?" 하지만 이러한 의문은 사실을 완전히 잘못 이해한 것입니다. 소위 '인간의 모나드[13]'라고 불리는 것이 신성으로부터 처음 나왔을 때, 그것은 전혀 모나드가 아니었습니다. 더군다나 전지전선(全知全善)한 존재는 더더욱 아니었습니다. 거기에는 어떠한 개별성도 존재하지

---

13. 인간 모나드(The human monad): 인간 존재의 불멸의 영적 핵심으로, 신성한 원천에서 발산되었다. 신의식의 불꽃으로 시작된 모나드는 우주 창조 초기 단계에서 분리되어 다양한 세계를 거치며 진화한다. 이를 통해 모든 삶의 경험을 축적하며, 궁극적으로 신성과의 완전한 합일을 목표로 삼는다.

않았으며, 단지 모나드 원소의 덩어리에 불과했습니다.

　나올 때와 돌아갈 때의 상태 차이는 마치 빛나는 성운 물질의 거대한 덩어리와, 그것으로부터 천천히 진화하여 형성된 태양계의 차이와 같습니다. 성운은 분명 아름답지만, 모호하고 쓸모없는 상태입니다. 반면 그로부터 진화를 통해 형성된 태양은 수많은 세계와 그 거주자들에게 생명과 열과 빛을 부어 줍니다.

　또 다른 비유를 들어 보겠습니다. 인간의 신체는 수없이 많은 작은 입자로 구성되어 있으며, 그중 일부는 지속적으로 몸에서 떨어져 나갑니다. 만약 이 입자들이 시간이 지나면서 인간이 될 수 있는 어떤 형태의 진화를 겪는 것이 가능하다고 가정해 봅시다. 이 진화의 시작에서 이 입자들이 일정한 의미에서 인간이었다고 해서, 진화의 끝에 도달했을 때 아무것도 얻지 못했다고 말할 수는 없습니다. 그 본질은 비록 신성한 힘일지라도 단순한 힘의 분출로 나옵니다. 그러나 그 본질은 스스로 로고스로 발전할 수 있는 능력이 있는 수천, 수백만의 위대한 아뎁트들로 변형되어 돌아옵니다.

　우리는 이 경이로운 진화의 과정을 일련의 도해를 통해 어느 정도 표현해 보고자 합니다. 우리가 할 수 있는 최선은 인간이 발달해 나가면서 그의 다양한 몸체들이 어떻게 변화하는지를 묘사하는 것입니다. 아직 이러한 것들을 직접 볼 수 없는 사람들에게, 이를 통해 진화의 과정에 대한 어떤 개념이라도 전달될 수 있기를 희망합니다.

우리가 설명하려 했던 결합점과 관련해서 추가 설명이 필요한 부분이 있습니다. 모나드 원소의 위치에 흥미로운 변화가 일어났기 때문입니다. 이전 모든 존재의 영역에서 진화하는 긴 세월 동안, 모나드 원소는 변함없이 영혼을 불어넣고 에너지를 공급하는 원리였습니다. 그것은 일시적으로 점유했던 모든 형태들 뒤에 있는 힘이었습니다. 그러나 지금까지 영혼을 불어넣는 존재였던 것이 이제는 역으로 영혼이 깃든 존재가 됩니다. 동물 집단 영혼의 일부였던 그 모나드 원소로부터 이제 원인체가 형성됩니다. 원인체는 생명의 빛으로 이루어진 찬란한 타원형의 형태입니다. 여기에 더욱 영광스러운 위로부터의 빛과 생명이 하강하여, 이 높은 차원의 생명이 인간의 개체성으로 표현될 수 있게 됩니다.

또한 이렇게 오랜 진화의 결과로 도달하게 된 목표를 결코 하찮은 것으로 여겨서는 안 됩니다. 신성한 영의 마지막이자 가장 장엄한 하강의 매개체가 되는 것은 매우 중요한 의미를 지닙니다. 왜냐하면 이 연결고리 역할을 하는 매개체가 준비되지 않았다면, 인간의 불멸하는 개체성은 결코 존재할 수 없었을 것이기 때문입니다.

오랜 세월을 거쳐 이루어진 작업의 어떤 부분도 헛되지 않았으며, 쓸모없는 것은 하나도 없었습니다. 이렇게 형성된 상위 삼중체는 초월적 통일성이 됩니다. 이는 '신성이 육신으로 전환된 것이 아니라, 인성이 신성 안으로 들어감으로써' 이루어진 것입니다. 이 오랜 진화의 과정이 없었다면, 인간이 신성의 차원으로 상승하여 도달하는 최종적 완성은 결코 이루어질 수 없었을 것입니다. 이로써 로고스 자신도 더욱 완전해졌는데, 이는 그의 자녀들 중에서 그의 신성한 본질인 사랑을 처음으로 충만히 받고, 그 사랑을 되돌려줄 수 있는 존재들이 생겨났기 때문입니다.

　평범한 사람들보다 훨씬 앞선 발달 단계는 그림4에서 맨 오른쪽 밴드로 대표됩니다. 이는 고도로 영적인 사람의 모습을 나타냅니다. 이 사람은 이미 원인계를 넘어 의식을 발전시켜 자유롭게 붓디계에서 작용할 수 있으며, 몸 밖에서는 더 높은 차원에서도 의식을 가집니다. 흰 점이 이를 암시합니다. 이 사례에서 의식의 중심(리본의 가장 넓은 부분)은 더는 물질계와 심령계에 있지 않고, 높은 정신계와 붓디계 사이에 있습니다. 높은 정신과 높은 심령이 그 안에서 훨씬 발달되어 있으며, 여전히 물리적인 몸을 유지하고 있습니다. 이는 밴드의 아래쪽 끝이 최저 물리적 한계에 닿는 것으로 보이지만, 이는 단지 편의를 위해 물리적 형태를 유지한다는 뜻입니다. 그의 생각과 욕망은 물리적 세계에 고정되지 않습니다. 그래서 그는 오랫동안 환생에 얽매이는 모든 카르마를 초월했습니다. 이제 더 낮은 차원의 몸체를 입는 것은 오직 인류의 선을 위해 일하기 위해서입니다. 이를 통해 그는 다른 방법으로는 도달할 수 없는 차원에 신성한 영향력을 전달할 수 있습니다. 신성한 힘의 특정 진동은 그 자체로 너무 미세해서 하위 차원의 거친 본질로는 감지할 수 없기 때문입니다. 하지만 이러한 진동이 순수한 몸체를 가진 존재를 통해 하강할 때는 상황이 달라집니다. 이 경우 하위 차원에서도 이 진동을 감지할 수 있게 됩니다.

원인체의 발달과 진화의 의미

새롭게 형성된 원인체는 상위 투시력으로 볼 때 투명하고 무지갯빛입니다. 다시 말해, 자신의 원인체 능력을 완전히 발전시킨 사람만이 이를 볼 수 있습니다. 이 원인체는 거의 비어 있는 거대한 비눗방울과 같아 보입니다. 그 이유는 신성한 힘이 내재되어 있지만, 아직 외부 충격에 반응하여 진동하는 잠재적 특성을 발전시킬 시간이 없었기 때문입니다. 따라서 색도 거의 없습니다. 약간의 색이 있는 이유는 이 원인체가 이전에 속했던 집단 영혼에서 이미 발전된 특정한 특성 때문입니다. 이 특성들이 내부의 힘으로 전해지면서, 이에 해당하는 진동 속도가 나타나고, 색의 희미한 징조들이 보이기 시작합니다.

그림5는 이 시기 또는 그 직후의 모습을 보여 주며, 진화의 초기 단계인 인간의 원인체를 나타낼 수 있습니다. 삽화의 왼쪽에 있는 회색 음영은 이 몸체 내의 어떤 특성을 의미하지 않습니다. 사실 그것은 실제로 존재하지 않고, 단순히 비눗방울의 둥근 효과를 주기 위한 예술적 표현입니다.

하지만 인간이 이제 원인체를 가지고 있다고 해도 그 수준에서 인상을 받아들이거나 반응하기에 충분히 의식이 있는 것과는 거리가 멉니다. 그리고 잠재된 자질을 개발하기 위한 정해진 방법은 앞서 말했듯이 외부의 충격을 통한 것이므로 그에게 영향을 줄 수 있는 충격을 만나기 위해 충분히 낮은 곳으로 내려가는 것이 분명히 필요합니다. 그러므로 그를 위한 예정된 진행 방법은 윤회를 통한 것입니다. 즉, 그곳에서 얻을 수 있는 경험과 그 경험이 개발하는 자질을 위해 자신의 일부를 이 낮은 차원으로 내보낸 다음, 다시 자신 안으로 되돌아와 노력의 결과를 지니는 것입니다. 사실, 자신의 일부를 환생으로 내보내는 것은 투자에 비유할 수 있습니다. 모든 것이 잘되면 그는 자본금 전액뿐만 아니라 상당한 금액의 이자도 돌려받을 것으로 기대하며, 대개는 이를 얻습니다. 그러나 다른 투자와 마찬가지로 이득의 기회뿐만 아니라 손실의 기회도 있습니다. 그가 내려놓은 것의 일부가 그것이 작용해야 하는 낮은 물질과 너무 얽혀서 그것을 완전히 되찾는 것이 불가능할 수도 있기 때문입니다. 이것이 어떻게 일어날 수 있는지에 대한 고려는 현재 우리의 주제와는 거의 관련이 없지만, 《The Astral Plane(아스트랄계)》에서 자세히 설명되어 있습니다.

영혼은 동양에서 트리슈나(Trishna)라고 불리는 것, 즉 현현된 존재에 대한 갈증, 자신이 살아 있음을 느끼고자 하는 욕망의 충동에 따라 자신을 낮춥니다. 그는 물질의 바닷속으로 뛰어들어 이기심으로 자아를 강화시킵니다. 그리고 그의 모습은 7번 그림에서 보이듯이 심령적 시야에서 매우 보기 흉한 형태로 나타납니다. 인간은 매우 점진적으로 더 높은 차원의 진화가 있다는 것을 깨닫게 됩니다. 강력한 중심(자아)을 형성하는 데 필요했던 이기심이라는 단단한 껍질이, 일단 그 중심이 형성된 후에는 오히려 성장의 방해물이 된다는 것을 알게 됩니다. 마치 건물이 완성된 후에는 공사 중에 필요했던 비계를 제거해야 하는 것처럼, 이기심의 껍질도 깨뜨려 제거해야 합니다. 많은 환생을 통해 그의 심령적 모습은 7번 그림에서 10번 그림으로, 그리고 나중에는 23번 그림으로 서서히 발전합니다. 우리는 이 진화를 따라가서 여러 단계에서 그것을 설명하려고 노력할 것입니다.

11장
영혼의 진화와 카르마의 법칙

환생과 영혼의 진화

영혼은 먼저 정신계의 낮은 수준의 물질로 자신을 낮춥니다. 즉시, 그리고 어떤 의미에서는 자동으로 이 물질의 옷이 그에게 둘러싸입니다. 이 옷은 적어도 그 수준에서 표현될 수 있는 한 그에게 이미 존재하는 자질을 정확하게 표현한 것입니다.

영혼이 하강하는 각 단계에서는 제한이 따른다는 사실을 절대 잊어서는 안 됩니다. 따라서 낮은 차원에서 이루어지는 영혼의 표현은 결코 완벽할 수 없습니다. 이는 마치 화가가 3차원의 실제 장면(혹은 상상 속 장면)을 2차원 평면에 그리는 것과 같습니다. 화가는 원근법을 사용해 평면에 최대한 실제와 비슷하게 장면을 표현하려 합니다. 하지만 실제로는 그림 속 거의 모든 선과 각도가 원래 표현하고자 했던 것과는 다를 수밖에 없습니다.

이와 마찬가지로, 영혼이 지닌 진정한 특질은 낮은 차원의 물질로는 온전히 표현될 수 없습니다. 낮은 차원 물질의 진동은 너무나 둔하고 느려서 영혼의 특질을 제대로 나타낼 수 없기 때문입니다. 마치 충분히 팽팽하게 당겨지지 않은 현이 위에서 울리는 음에 반응하지 못하는 것과 같습니다. 하지만 낮은 옥타브로 조율하면 어느 정도 표현이 가능합니다. 이는 마치 성인 남성의 목소리가 소년의 목소리와 함께 조화를 이루며 노래할 때, 각자의 신체적 능력이 허용하는 한도 내에서 같은 소리를 표현하는 것과 비슷합니다.

따라서 원인체에서 표현되는 특정한 성질의 색은 정신체와 심령체에서도 표현됩니다. 하지만 이 색은 아래로 내려갈수록 점점 덜 섬세해지고, 덜 빛나며, 더 조잡해집니다. 이러한 색의 옥타브들 사이의 차이는 종이나 캔버스로 표현할 수 있는 것보다 훨씬 더 큽니다. 우리는 단계나 성질로만 이것을 상상해 볼 수 있을 뿐입니다. 물질계 바로 위의 옥타브조차도, 우리의 마음이 물질적 두뇌의 한계 안에서 작동하는 한 완전히 이해할 수 없기 때문입니다. 가장 낮은 단계의 심령체의 색들은 어둡고 거칠게 보일 수 있습니다. 더 높고 순수한 색조들과 비교하면 확실히 그렇습니다. 하지만 이 거친 색들도 각자 나름의 빛남을 가지고 있습니다. 이것은 우리가 일반적으로 이해하는 어두운 색이라기보다는, 희미하게 빛나는 불과 같습니다.

우리가 더 높은 차원으로 상승할 때마다 흥미로운 현상을 발견하게 됩니다. 높은 차원의 물질은 고귀한 특질을 훌륭하게 표현할 수 있지만, 낮은 특질을 표현하는 능력은 점차 잃어 갑니다. 심령체에서 나타나는 저급한 육체적 욕망을 나타내는 불쾌한 색조는 정신체의 물질에서는 재현될 수 없습니다.

어떤 사람이 감각적 욕망인 생각을 할 수 있다고 반론을 제기할 수 있지만, 이는 사실을 정확히 반영하지 못합니다. 사람이 감각적인 욕망의 감정을 불러일으키는 정신적 이미지를 형성할 수는 있지만, 그 생각과 이미지는 정신 물질이 아닌 심령 물질에서 표현됩니다.

이것은 심령체에 그 특유의 색조로 뚜렷한 흔적을 남기지만, 정신체에서는 이기심, 자만심, 기만과 같은 정신적 악덕을 나타내는 색상들을 더욱 강화시킬 뿐입니다. 이러한 악덕들은 원인체의 찬란한 영광 속에서는 전혀 표현되지 않습니다. 하지만 낮은 몸체에서 이러한 악덕들이 강화되고 그것들에 탐닉할 때마다, 실재에 더 가까운 그 높은 존재 차원에서 반대되는 미덕의 발달을 나타내는 색채의 광채가 어두워지는 경향이 있습니다.

색상이 형성되는 과정은 항상 아래에서 위로 올라갑니다. 인간은 외부로부터 어떤 충격을 느끼고, 이에 대한 반응으로 내면에서 어떤 종류의 감정의 물결이 일깨워집니다. 즉, 그 감정이 지속되는 동안에는 현재 우리의 그림에서 볼 수 있듯이 특정 유형의 진동(그것을 나타내는)이 심령체에서 우세하다는 것을 의미합니다. 시간이 지나면 감정이 사라지고 그에 해당하는 색도 사라지지만 완전히 사라지지는 않습니다. 심령체 물질의 특정 비율은 일반적으로 그 감정에 적합한 특별한 비율로 진동하며, 감정이 크게 폭발할 때마다 이 비율에 어느 정도 추가됩니다.

예를 들어 인간은 내면에 어느 정도의 과민성을 지니고 있으며, 이는 심령체에 붉은 구름으로 나타납니다. 사람이 특정한 분노의 폭발을 통해 그 과민성을 드러낼 때, 심령체 전체가 일시적으로 붉게 물듭니다. 분노의 발작이 가라앉고 붉은 기운이 사라지지만, 그 흔적은 남습니다. 과민성의 붉은 구름의 크기가 약간 영구적으로 증가하고, 심령체의 모든 물질이 이전보다 기회가 생길 때 분노의 진동에 더 쉽게 반응하게 됩니다. 당연히, 좋든 나쁘든 다른 감정의 경우에도 똑같은 과정이 따릅니다. 따라서 우리는 모든 종류의 분노에 굴복할 때마다 다음 공격에 저항하는 것을 조금 더 어렵게 만든다는 도덕 법칙이 물질에서 명확하게 나타나는 것을 봅니다. 반면에 분노를 자제하는 모든 성공적인 노력은 다음 승리를 조금 더 쉽게 만듭니다.

심령체의 비교적 영구적인 색상은 지속적인 진동을 의미하며, 시간이 지남에 따라 정신체에도 적절한 영향을 미쳐 그보다 훨씬 높은 수준에서 유사한 특성의 진동을 생성합니다. 단, 진동이 그 미묘한 물질에서 재현될 수 있는 특성이어야 합니다. 낮은 차원의 삶에 의해 개발된 더 높은 자질들이 점차 원인체 자체에 구축되는 것도 공감 진동을 일으키는 동일한 방법에 의해서입니다. 하지만 다행히도 그 수준에서는 고귀한 감정의 효과만 기록될 수 있습니다.

카르마와 원인체의 진화

따라서 많은 삶을 살아가는 동안 인간은 내면에 좋은 것과 나쁜 것을 포함한 많은 자질을 개발합니다. 모든 좋은 발전은 꾸준히 저장되고 원인체 내에 축적되는 반면, 악한 것은 낮은 몸체를 통해서만 표현될 수 있으므로 비교적 영구적이지 않습니다.

신성한 정의의 위대한 법칙 아래 모든 사람은 선악을 불문하고 자신의 행동에 대한 정확한 결과를 받습니다. 하지만 악한 행위는 필연적으로 낮은 차원에서만 그 효과가 나타납니다. 이는 악한 행위의 진동이 오직 그러한 차원의 물질에서만 표현될 수 있기 때문이며, 원인체에서 반응을 일으킬 수 있는 상위 진동을 가지고 있지 않기 때문입니다. 따라서 악한 행위의 힘은 모두 자신의 차원에서만 소비되며, 그것을 만들어 낸 사람의 현재 또는 미래의 환생에서 심령체와 육체적 삶에 온전히 반작용으로 되돌아옵니다.

선한 행동이나 생각은 이 낮은 차원에서도 결과를 낳지만, 그에 더하여 인간의 진화에 매우 중요한 요소인 원인체에 엄청나게 높고 영구적인 영향을 미칩니다. 따라서 모든 것이 이곳에서 결과를 낳고 다양한 일시적인 몸체에 나타나는 반면, 진정한 인간에게 명확한 이득으로 남는 것은 오직 좋은 자질뿐입니다. 악은 그가 환생하여 내려올 때마다 그를 반복해서 만나 결국 그가 그것을 정복하고 자신의 몸체에서 그것에 반응하는 모든 경향을 근절할 때까지, 즉 더 이상 어떤 분노나 욕망에 휩쓸리지 않고 내면에서 스스로를 다스리는 법을 배울 때까지 그를 따라다닙니다.

12장
투시력을 통한 인간 영체의 특성

초기 영혼의 다차원적 모습

 이 학습 과정은 점진적인 과정이며, 낮은 차원에 있는 미성숙한 인간의 초기 모습은 결코 보기 좋지 않습니다. 그림5에 나타난 원인체를 가진 초기 단계의 인간은 그림6과 같은 정신체와 그림7과 같은 유형의 심령체를 가질 가능성이 높습니다.

 이 모든 몸은 같은 공간을 차지하고 서로 침투한다는 것을 이해해야 합니다. 따라서 투시력으로 초기 단계의 인간을 볼 때 우리는 그의 육체가 빛나는 타원형 모양의 안개로 둘러싸여 있는 것을 관찰하게 되지만, 그 안개는 우리가 사용하는 투시력의 유형에 따라 그림5, 그림6 또는 그림7의 모습으로 나타날 것입니다.

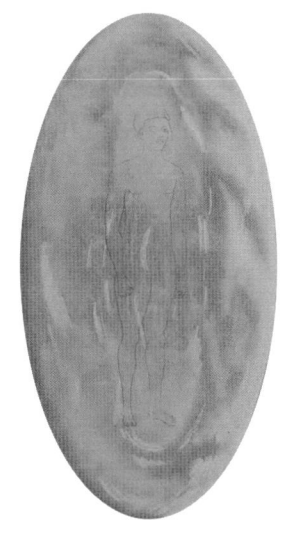

그림5. 초기 단계의 인간의 원인체

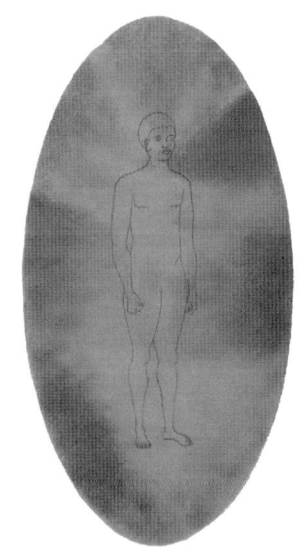

그림6. 초기 단계의 인간의 정신체

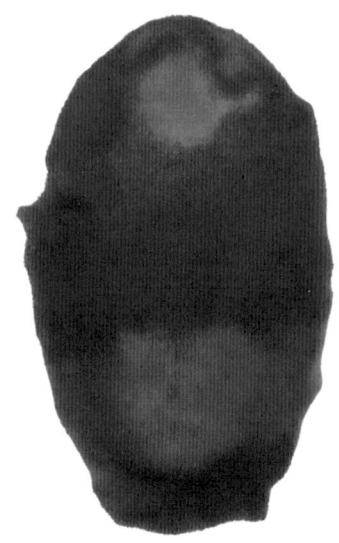

그림7. 초기 단계의 인간의 심령체

우리 자신의 심령 감각을 사용한다면, 우리는 그의 심령체만을 볼 수 있을 것입니다. 그래서 우리는 그 사람이 현재 경험하고 있는 열정이나 감정 또는 감각을 알 수 있을 것입니다. 또한, 이러한 것들 중 그 사람이 어떤 것에 자주 자신을 내맡기는지 알게 될 것입니다. 이것은 욕망이 드러나는 영역입니다. 이 영역은 모든 감정이 즉각적으로 반영되는 거울과 같습니다. 또한 이 영역에서는 개인의 자아와 관련된 모든 생각이 반드시 표현됩니다.

이 영역의 물질로부터 두 가지 형태가 만들어집니다. 하나는 인간의 악한 욕망과 악의적인 감정이 만들어 내는 어두운 원소들의 형태입니다. 다른 하나는 선한 바람, 감사, 사랑이 생명을 불어넣은 이로운 원소들의 형태[14]입니다.

당연히 예상할 수 있듯이, 그것의 표현에는 영구적인 것이 거의 없습니다. 그것의 색상, 밝기, 맥박수는 모두 순간순간 변화합니다. 분노의 폭발은 검은 바탕에 짙은 붉은색 섬광으로 심령체 전체를 채울 것입니다. 갑작스러운 공포는 모든 것을 섬뜩하고 창백한 회색 안개로 순식간에 가릴 것입니다. 그럼에도 불구하고 이 변동하는 심령체조차 비교적 안정된 순간이 있을 것이며, 그때는 어느 정도 동일한 배열을 유지하는 명확한 색상 그룹을 보여 줄 것입니다. 그림7에서 우리의 그림을 위해 선택된 순간이 바로 그러한 순간이며, 이것으로부터 우리가 곧 보게 되겠지만, 그 사람에 대한 많은 정보를 얻을 수 있습니다.

우리가 정신적 시야를 사용하면, 진화의 초기 단계에 속한 인간의 정신체를 볼 수 있게 됩니다. 그의 정신체는 아마도 그림6에서 보여 주는 것과 비슷한 모습일 것입니다. 색채의 측면에서 보면, 이 정신체는 평온한 상태의 심령체와 어느 정도 비슷한 양상을 보입니다. 하지만 정신체는 이보다 더 많은 것을 보여 줍니다. 정신체 안에는 그 사람 안에서 발달된 영성과 지성이 모두 나타나게 됩니다. 물론 진화의

---

14. 생각-에너지체(염체): 모든 생각과 감정은 심령계에서 실제로 미묘한 물질적 형태를 만들어 내며, 이것이 바로 생각의 에너지체이다. 이러한 생각-에너지체는 색깔, 형태, 진동을 가지고 있으며, 주변 환경과 다른 사람들에게 영향을 미칠 수 있다. 긍정적인 생각은 밝고 조화로운 생각-에너지체를, 부정적인 생각은 어둡고 불규칙한 생각-에너지체를 형성한다.

초기 단계 인간의 경우에는 아직 그다지 발달되지 않았을 수 있습니다. 하지만 이후에 보게 될 것처럼, 이러한 요소들은 매우 중요한 의미를 갖게 됩니다. 따라서 우리는 정신체를 통해 그가 어떤 종류의 사람인지, 그리고 현재의 환생에서 자신의 삶을 어떻게 활용해 왔는지를 파악할 수 있습니다.

편견의 렌즈를 벗고

이러한 다양한 단계의 시야들을 차례로 사용할 수 있는 훈련된 투시가에게는, 인간 삶의 모든 단계가 마치 책처럼 펼쳐져 보입니다. 높은 차원의 세계에서는 그 누구도 자신을 숨기거나 위장할 수 없기 때문입니다. 편견 없는 관찰자라면 누구나 그 사람의 진정한 모습을 있는 그대로 볼 수 있습니다.

선입견 없이 말하자면, 우리는 각자가 자신의 몸체들을 통해 타인을 바라본다는 사실을 절대 잊어서는 안 됩니다. 이는 마치 색유리를 통해 풍경을 보는 것과 비슷한 상황입니다.

이러한 영향을 고려하는 법을 배우기 전까지는, 우리는 타인을 볼 때 자신이 가장 쉽게 반응하는 특성들을 그 사람의 가장 두드러진 특징으로 여기기 쉽습니다. 하지만 주의 깊은 수행을 통해, 곧 이러한 개인적 편향이 만들어 내는 왜곡에서 벗어날 수 있으며, 명확하고 정확하게 읽어 낼 수 있게 됩니다.

13장
심령체의 색상과 감정

색채로 읽는 인간의 내면

이러한 다양한 몸의 세부 사항을 지적으로 연구하기 전에, 우리는 표지 그림에 나와 있는 것처럼 다양한 색조의 일반적인 의미에 익숙해져야 합니다. 색상의 조합에는 거의 무한한 다양성이 가능하다는 것을 알게 될 것입니다. 저는 가능한 한 그 이름이 붙은 혼합되지 않은 감정을 표현하는 정확한 색조를 제공하려고 노력하고 있습니다. 하지만 인간의 감정은 거의 혼합되지 않은 경우가 거의 없으므로, 우리는 많은 요소가 역할을 하는 불확정적인 색조를 끊임없이 분류하거나 분석해야 합니다.

예를 들어, 분노는 주홍색으로, 사랑은 진홍색과 장미색으로 표현됩니다. 하지만 분노와 사랑은 모두 이기심이 깊이 스며드는 경우가 많으며, 그럴수록 각 색상의 순도는 이 악덕의 특징인 짙은 갈색 회색으로 인해 흐려질 것입니다. 또는 둘 다 교만과 섞일 수 있으며, 그것은 즉시 짙은 주황색으로 나타날 것입니다. 그러한 혼합과 결과적인 색조의 많은 예는 우리가 조사를 계속하면서 보게 될 것입니다. 하지만 우리의 첫 번째 노력은 더 단순한 색조의 의미를 읽는 법을 배우는 것이어야 합니다. 여기에 가장 일반적인 것들 중 일부를 나열하겠습니다.

오라의 색상별 해석법

검은색: 심령체의 짙은 검은 구름은 증오와 악의의 존재를 나타냅니다. 불행히도 어떤 사람이 격렬한 분노의 발작에 굴복할 때, 끔찍한 증오의 생각-에너지체가 일반적으로 무겁고 독이 있는 연기 고리처럼 그의 오라에 떠다니는 것을 볼 수 있습니다.

빨간색: 일반적으로 검은색 바탕에 나타나는 짙은 붉은색 섬광은 분노를 나타냅니다. 분노의 유형에 직접적인 이기심이 많을수록 갈색이 더 많이 섞입니다. 억압받거나 부상당한 누군가를 위한 "고귀한 분노"라고 불리는 것은 오라의 일반적인 배경에 빛나는 주홍색 섬광으로 표현될 수 있습니다. 섬뜩하고 핏빛 붉은색(묘사하기는 쉽지 않지만 분명히 알 수 있는 색상)은 감각적 욕망을 나타냅니다.

적갈색: 칙칙한 적갈색은 탐욕을 의미합니다. 그리고 그것은 일반적으로 심령체를 가로질러 평행 막대로 배열되어 매우 기묘한 모습을 보입니다.

회갈색: 칙칙한 회갈색은 이기심을 의미하며, 불행히도 심령체에서 가장 흔한 색상 중 하나입니다.

녹갈색: 짙은 빨간색 또는 주홍색 섬광으로 밝아진 녹갈색은 질투를 나타내며, 일반적인 사람의 경우 "사랑에 빠졌을" 때 거의 항상 이 색상이 많이 나타납니다.

회색: 무거운 납빛 회색은 깊은 우울증을 나타내며, 이것이 습관적일 경우 그 모습은 말로 표현할 수 없을 정도로 우울하고 슬프게 합니다. 이 색상은 또한 탐욕의 색상처럼 평행선으로 배열되는 이상한 특징이 있으며, 둘 다 불행한 희생자가 일종의 심령 감옥에 갇혀 있다는 인상을 줍니다. 창백한 회색은 가장 끔찍하고 무서운 색조로, 두려움을 나타냅니다.

진홍색: 이 색상은 사랑의 표현이며, 종종 평범한 사람의 몸체에서 가장 아름다운 특징입니다. 당연히 사랑의 본질에 따라 매우 다양합니다. 소위 사랑이 다른 사람에게서 얼마나 많은 애정을 받는지, 투자에 대한 얼마나 많은 대가를 얻는지에 대한 고려에 주로 집중하는 경우, 칙칙하고 무겁고 이기심의 갈색이 짙게 섞일 수 있습니다. 하지만 사랑이 자신에 대해 전혀 생각하지 않고, 자신이 받는 것에 대해서도 생각하지 않고, 오직 얼마나 많이 줄 수 있는지, 그리고 사랑하는 사람을 위해 기꺼이 희생으로 자신을 얼마나 완전히 쏟아부을 수 있는지에 대해서만 생각하는 종류의 사랑이라면, 가장 사랑스러운 장미색으로 표현될 것입니다. 그리고 이 장밋빛이 유난히 빛나고 라일락 색조를 띠면 인류에 대한 더 영적인 사랑을 선포하는 것입니다. 중간 가능성은 무수히 많습니다. 그리고 애정은 물론 교만이나 질투와 같

이 다양한 다른 방식으로 색조를 띨 수 있습니다.

주황색: 이 색상은 항상 교만이나 야망을 의미하며, 교만이나 야망의 본질에 따라 마지막에 언급된 것만큼이나 많은 변형을 가지고 있습니다. 과민성과 결합되는 경우가 드물지 않습니다.

노란색: 이것은 매우 좋은 색상으로, 항상 지성을 의미하고 있음을 나타냅니다. 그 색조는 다양하며 다양한 다른 색조가 섞여 복잡해질 수 있습니다. 일반적으로 지성이 주로 낮은 채널, 특히 이기적인 목표를 향할 경우 더 깊고 칙칙한 색조를 띱니다. 하지만 더 높고 덜 이기적인 목표를 향할수록 밝은 황금색이 되고 점차 아름답고 맑고 빛나는 레몬색 또는 앵초색 노란색으로 올라갑니다.

녹색: 녹색보다 더 다양한 의미를 가진 색상은 없습니다. 이 색상을 정확하게 해석하려면 약간의 공부가 필요합니다. 녹색의 대부분의 표현은 처음에는 악하고 기만적이지만 결국에는 선하고 동정적인 일종의 적응하는 성격을 나타냅니다.

회녹색: 기만과 교활함을 의미하는 독특한 색조인 회녹색은 대부분의 초기 단계의 인간의 심령체에서 매우 두드러지게 나타납니다. 문명인들 사이에서도 드물지 않은데, 그들은 오래전에 그것이 나타내는 진화 단계를 통과했어야 합니다. 인간이 발전함에 따라, 이 색조는 밝은 에메랄드 녹색으로 개선됩니다. 이 색은 여전히 다재다능함, 독

창성, 빠른 대처 능력을 의미하지만, 이제는 이러한 특성에 악의적인 의도가 담겨 있지 않습니다. 이 녹색은 "모든 사람에게 모든 것이 될 수 있는" 능력을 나타냅니다. 처음에는 사람들을 기쁘게 하거나 칭찬이나 호의를 얻기 위한 목적으로 이런 능력이 발현됩니다. 그러나 이해가 발전함에 따라, 사람들을 돕고 강화하는 목적으로 변화합니다.

결국, 이 색상은 때때로 매우 섬세한 석양 하늘에서 볼 수 있는 사랑스럽고 희미한 푸른빛을 띤 청록색이 됩니다. 그리고 이는 인류의 가장 위대한 자질, 즉 깊은 동정심과 연민을 보여 줍니다. 이 자질은 또한 오직 그들만이 줄 수 있는 완전한 적응력의 힘을 포함합니다. 이 색의 초기 발전 단계에서, 밝은 사과 녹색은 강한 생명력과 항상 동반되는 것처럼 보입니다.

파란색: 짙고 맑은 파란색은 일반적으로 종교적인 감정을 나타냅니다. 하지만 이 색조는 종교적 감정의 유형에 따라 다양하게 변화합니다. 즉, 그 감정의 순수성이나 편협성, 이기심이나 고귀함에 따라 달라지게 됩니다. 이 파란색은 앞서 언급된 거의 모든 특성들의 영향을 받을 수 있습니다. 그래서 우리는 한쪽으로는 남색에서, 다른 한쪽으로는 풍부하고 깊은 보라색에 이르기까지 다양한 색조를 볼 수 있습니다. 심지어는 미신 숭배 수준의 탁한 회청색까지도 나타날 수 있습니다. 사랑이나 두려움의 색조, 기만이나 교만의 색조가 종교적 색채와 섞일 수 있습니다. 이로 인해 우리는 매우 폭넓은 범위의 변화를 관찰할 수 있습니다.

밝은 파란색: 이 색상은 고귀한 영적 이상에 대한 신앙심을 나타냅니다. 이 색은 점차적으로 빛나는 라일락빛 파란색으로 상승하게 됩니다. 이 라일락빛 파란색은 더 높은 영성을 상징합니다. 이 경우 일반적으로 고양된 영적 열망을 나타내는 반짝이는 황금색 별을 동반합니다.

이 모든 색조들의 조합과 변형이 거의 무한대로 나타날 수 있다는 것은 쉽게 이해할 수 있습니다. 이를 통해 가장 미묘한 성격의 단계나 순간적으로 혼합된 감정까지도 매우 정확하게 표현됩니다. 심령체의 전반적인 광채, 그 윤곽선의 상대적인 명확성 또는 불명확성 그리고 각각의 힘의 중심에서 발산되는 상대적인 밝기는 모두 중요한 요소입니다. 이러한 요소들은 관찰되는 현상의 완전한 의미를 해석할 때 모두 고려해야 합니다.

주목할 만한 또 다른 사실은 발달된 혹은 발달 중인 심령적 능력들이 가시광선 스펙트럼을 넘어서는 색채들로 나타난다는 점입니다. 이러한 색채들은 물리적인 색으로는 표현이 불가능합니다. 자외선 색조는 더 높고 순수한 발달 단계를 나타냅니다. 반면에 적외선의 불길한 조합들은 악한 마법이나 이기적인 형태의 마법을 다루는 사람들의 사악함을 드러냅니다. 신비학적(Occult) 진화는 이러한 색채들을 통해서만 아니라, 다양한 몸체들의 증가된 광채와 더불어 그 크기가 커지고 윤곽이 더욱 선명해지는 것으로도 나타납니다.

14장
다차원 몸체의 형상화

심령체와 육체

  각각의 그림들을 자세히 살펴보기 전에, 전반적인 그림과 관련하여 한 가지 더 언급할 점이 있습니다. 육체의 윤곽이 각각의 타원형 안에 희미하게 표시되어 있는 것을 보실 수 있을 것입니다. 이는 독자들이 육체와 이러한 안개구름 같은 형태들의 크기를 비교해 볼 수 있도록 한 것입니다. 하지만 이것은 단순한 표시일 뿐, 실제 모습을 그대로 재현한 것이 아님을 기억해야 합니다. 육체의 심령체와 정신체가 실제로 이처럼 모호하고 알아보기 힘든 것은 아닙니다. 물질계에서 그린 그림으로는 다른 차원에 속한 형태의 모든 측면을 동시에 표현하는 것이 불가능합니다. 그래서 이 책의 특별한 목적을 위해, 높은 차원의 몸체들이 가진 특정한 특성들을 의도적으로 무시하거나 부차적인 것으로 다루었습니다. 이 책의 주된 목적은 인간의 진화가 그의 다양한 몸체들의 색채를 통해 어떻게 나타나는지를 설명하는 것이기 때문입니다.

  예를 들어, 우리는 일곱 개의 차크라 또는 힘의 중심들의 모습을 보여 주려는 시도는 하지 않았습니다. 이 차크라들은 모든 몸체들에 존재하며 실제로 일부 경우에는 이 차크라들이 매우 선명하고 두드러지게 나타나기도 합니다. 화가는 각 타원체 표면의 놀라운 오팔빛 색조를 재현하려 하지 않았습니다. 또한, 각각의 사람을 벽처럼 둘러싸고 있는 생각-에너지체의 짙은 구름을 묘사하지 않았고, 정확히 물리적 형태를 모방하는 내부 배열도 그리지 않았습니다. 그리고 마지막으로 언급한 이 부분에 대한 몇 가지 설명이 필요합니다.

우리가 깨어 있는 동안 심령 시력으로 이웃을 엿본다면, 그는 약간 빛나는 안개로 둘러싸여 있다는 것을 제외하고는 평소와 거의 똑같이 보일 것입니다. 조금 더 주의 깊게 관찰하면 그 안에서 다양한 색상의 움직임을 감지할 수 있습니다. "우리가 사용하고 있는 몸체의 심령 물질이 순전히 물리적 진동에 반응할 수 없다는 것을 알고 있는데 어떻게 그의 얼굴과 팔다리가 우리에게 인식될 수 있는가?"라고 질문할 수 있습니다. 그 대답은 우리에게 보이는 것이 그의 육체가 아니라 심령체라는 것입니다. 그리고 우리는 그 사람이 잠자는 동안이든 죽어서 밀도가 높은 지상의 형태를 버릴 때에도 이 상태가 여전히 동일한 모습을 유지한다는 것을 알게 됩니다. 이것이 어떻게 발생하는지 생각해 보겠습니다.

물질계와 심령계의 상호작용

우리는 그림2에서 심령 물질이 물질계의 상태와 상응하는 일곱 가지 상태, 즉 밀도 단계를 가지고 있음을 확인했습니다. 하지만 이는 단순한 상응 이상입니다. 이들 사이에는 강렬한 끌어당김이 존재합니다. 모든 고체 물질의 입자는 가장 낮은 하위 차원의 특정 심령 물질 입자에 의해 침투되고 그 대응체를 가지고 있습니다. 편의상 우리는 이것을 "고체 심령 물질"이라고 부를 수 있습니다. 물론 이는 모순된 표현인데, 일반적인 의미의 고체성은 어떤 종류의 심령 물질에도 해당되지 않기 때문입니다. 마찬가지로, 모든 액체 물질 입자는 "액체 심령" 입자를 자신의 짝으로 가지고 있으며, 다른 상태의 물질도 이와 같은 방식으로 대응됩니다. 이러한 짝들은 쉽게 분리되지 않습니다.

인간이 환생하여 내려올 때, 그는 자신이 통과하는 다양한 차원의 물질을 자신 주위로 끌어들입니다. 그가 정신적, 심령적 물질을 모을 때, 그것은 이 낮은 차원에서 원인체의 진정한 모양을 표현하는 타원형 모양을 취합니다. 곧 그는 자신이 작은 육체를 둘러싸고 있음을 알게 되고, 즉시 그것의 인력이 이전에 불완전했던 심령체와 정신체에 영향을 미치기 시작합니다. 이 미묘한 입자들의 격렬한 진동은 그러한 통제에 쉽게 굴복하지 않지만, 아이의 형태가 자라면서 그 영향력이 꾸준히 증가하여 성인이 되면 일반적으로 심령체와 정신체 물질의 90% 이상이 그의 육체적 장막 주변에 있게 됩니다.

모든 입자가 빠른 속도로 움직이고 끊임없이 안팎으로 이동하기 때문에 동일한 입자가 항상 그곳에 머무른다는 의미는 아닙니다. 하지만 전체적으로 그 비율이 유지됩니다. 따라서 심령 시력으로 인간을 살펴볼 때 우리가 실제로 보는 것은 매우 밀도가 높고 단단해 보이는 안개로 이루어진 인간의 형태가 반투명한 안개로 이루어진 달걀 모양의 오라로 둘러싸여 있는 것입니다. 익숙한 얼굴의 모든 특징이 충실하게 재현되므로 그 사람을 즉시 알아볼 수 있습니다.

이것이 전부는 아닙니다. 습관의 현상도 작용하여 심령체와 정신체의 입자들은 특정한 형태에 익숙해져서, 그 형태를 유지하게 됩니다. 심지어 그것을 만들었던 육체적 죽음 이후에도 그 형태를 유지합니다. 이 때문에 사람이 사망 후에도 인식하는 데에 전혀 어려움이 없습니다. 물론 지나가는 생각에 의해 미세한 변화가 일어날 수 있기 때문에 일시적인 변화가 일어날 수 있습니다. 그러나 그러한 생각의 압력이 사라지면, 그 물질은 다시 원래의 형태로 돌아갑니다.

심령체의 형태와 특성

때로는 매우 점진적으로 상당한 변화를 일으키는 훨씬 더 미미하지만 더 지속적인 생각의 영향이 있습니다. 아무도 습관적으로 자신을 쇠약하거나, 허약하거나, 구부러지거나, 주름진 사람으로 상상하지 않습니다. 따라서 사망 직후 그의 심령체가 이러한 모든 특징을 정확하게 재현할 수 있습니다. 하지만, 자신에 대한 자신의 무의식적인 생각의 영향력은 천천히 그에게 전성기의 모습을 되돌려줍니다. 그렇기 때문에 사후에 유령으로 나타나는 사람이 때때로 친구들에게 죽었을 때보다 더 젊어 보인다는 인상을 주는 것입니다.

사후에 심령체의 형태를 변하지 않고 유지하는 데 도움이 되는 또 다른 요인은 다른 사람들의 생각입니다. 살아 있든 죽었든 한 사람의 친구가 그에게 생각을 돌릴 때, 그들은 자연스럽게 그를 아는 대로 생각합니다. 하지만 그러한 모든 생각은 순간적인 형성력이며, 전체적으로 그 효과는 상당합니다.

이 모든 것을 통해 독자는 심령체를 보는 법을 배우게 되면, 우리의 삽화에 나타난 것보다 관찰해야 할 많은 다른 점들을 발견하게 될 것임을 깨달을 것입니다. 특히, 물리적 형태의 대응물이 단순한 희미한 윤곽이 아니라, 아마도 가장 두드러진 특징임을 알아차리게 될 것입니다.

투시가의 심령체 관찰과 현상

훈련되지 않은 투시가의 경우에는 이런 한계가 거의 확실합니다. 완벽하게 발달된 심령 시각을 가진 경우는 매우 드물기 때문입니다. 자연스럽게, 가장 먼저 열리는 능력은 물질계와 가장 가까운 가장 낮은 차원의 것입니다. 많은 사람들은 수년 동안 가장 조밀한 종류의 심령 물질만 볼 수 있습니다. 이러한 조밀한 심령 물질은 물리적 신체의 구성 물질과 대응하며, 대응체 내에 가장 많이 집중되어 있습니다. 따라서 이런 투시가에게는 주변의 타원형 모양의 안개가 실제보다 훨씬 희미하게 보이거나 눈에 덜 띄게 됩니다. 심지어 완전히 보지 못할 수도 있습니다. 만약 그의 심령 시각이 일반적인 수준보다 약간 높다면, 물질계에서 눈을 긴장시키는 것과 비슷한 노력을 통해 색채를 어느 정도 볼 수 있습니다. 이러한 노력의 결과로 그의 심령체의 진동이 일시적으로 높아지거나, 더 정확히 말하면 그의 능력이 약간 더 높은 진동으로 확장됩니다. 이를 통해 그가 보고 있는 몸체의 더 많은 부분을 볼 수 있게 됩니다. 제대로 훈련된 투시가는 모든 하위 차원에서 시각 능력을 개별적으로 또는 동시에 사용하는 방법을 배웁니다.

사람들은 종종 심령체가 옷을 입고 나타나는지, 그렇다면 어디에서 옷을 얻는지 묻습니다. 이 미묘한 물질은 생각으로 모델링할 수 있기 때문에 사람은 자신을 생각하는 대로이며 각 사람이 원하는 대로 옷을 입는 것은 쉽습니다. 만약 그의 주의가 완전히 다른 문제에 몰두해 있다면, 그의 마음은 일반적으로 익숙한 평범한 의상을 자동으로 재현하여 아마도 그가 가장 자주 입는 옷을 입고 나타날 것입니다. 저는 오랫동안 이 문제에 대해 생각해 본 적도 없이 항상 심령계에서 이브닝드레스를 입고 나타나곤 했던 친구를 알고 있습니다. 밤늦게 그는 자연스럽게 그 복장을 입은 자신을 떠올렸기 때문이라고 생각합니다. 또 다른 사람은 항상 우아한 노란색 불교 승려복을 입었습니다.

하지만 저는 그것이 처음에는 의도적이었지만 나중에는 습관이 되었을 것이라고 생각합니다.

대응체는 심령체뿐만 아니라 정신체에도 존재하므로 천상의 삶을 통해서도 사람은 마지막 인격의 기억뿐만 아니라 모습도 상당 부분 유지합니다. 원인체에도 인간의 형태가 있습니다. 어떤 환생의 형태도 아니지만, 모든 환생에서 가장 고귀한 것의 영광스러운 혼합입니다. 이것은 진정한 자아가 나타나는 천상의 인간인 아우고이데스[15]입니다. 하지만 그 수준의 조건은 너무 달라서 이것을 설명하려는 것은 희망이 없습니다.

---

15. 아우고이데스(the Augoeides): 신지학에서 말하는 인간의 가장 높은 영적 형태로, 불멸의 참된 자아를 의미한다. 이는 원인체의 가장 순수한 형태이며, 개인의 영적 진화 과정에서 최종적으로 도달하게 되는 완성된 모습을 나타낸다. 빛나는 황금빛 형상으로 묘사되며, 순수한 영적 의식이 깨어난 상태를 상징한다.

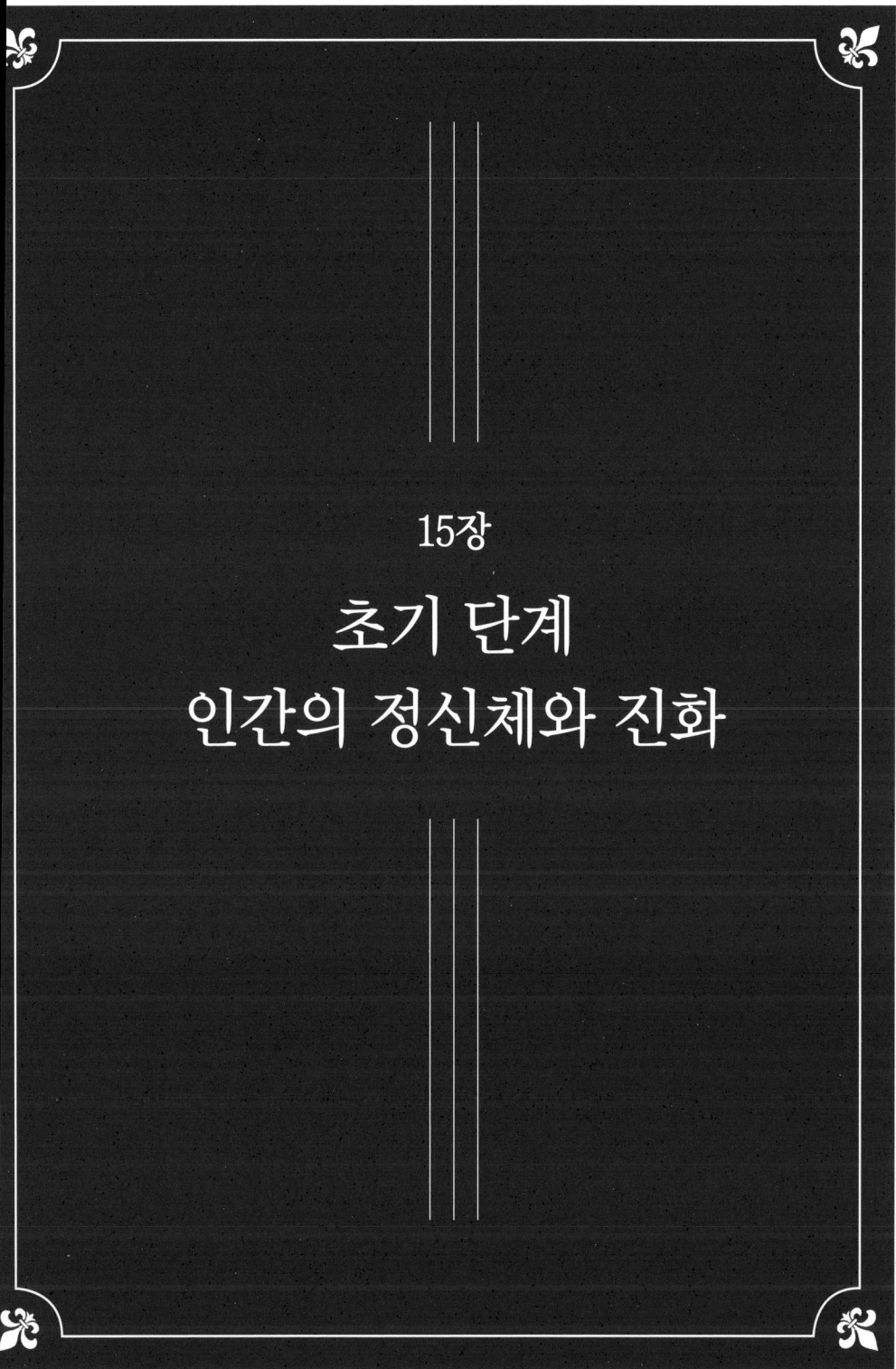

15장

초기 단계
인간의 정신체와 진화

초기 단계 정신체의 특성

13장에 포함된 정보를 그림6에 나와 있는 초기 단계의 인간의 정신체에 적용하면 그 사람에 대한 특정 사실이 즉시 분명해집니다. 전체적으로 매우 형편없고 미성숙한 정신체이지만 이미 약간의 진전이 이루어졌습니다. 상단의 칙칙한 노란색은 어느 정도의 지성을 나타내지만, 색상의 탁함으로 그것이 전적으로 이기적인 목적에만 적용된다는 것을 보여 줍니다. 회색 파란색으로 표시되는 신앙심은 미신숭배를 의미하며, 두려움이 많이 섞여 있고 사리사욕에서 비롯된 것입니다. 왼쪽의 탁한 진홍색은 주로 이기적인 애정의 시작을 나타냅니다. 칙칙한 주황색 밴드는 교만을 의미하지만 상당히 낮은 수준입니다. 주홍색의 큰 획은 분노에 대한 강한 경향을 나타내며, 이는 매우 사소한 도발에도 분명히 드러날 것입니다. 몸의 많은 부분을 차지하는 더러운 녹색의 넓은 밴드는 기만, 배신, 탐욕을 나타냅니다. 후자의 특성은 관찰할 수 있는 갈색 색조로 나타납니다. 하단에는 일반적인 이기심과 바람직한 특성의 부재를 암시하는 일종의 진흙 빛깔 침전물을 볼 수 있습니다.

잘 정의된 더 높은 자질이 없다는 것은 우리가 해당 심령체(그림7)로 눈을 돌릴 때 그것이 거의 완전히 통제되지 않았다는 것을 확실히 알게 한다는 것입니다. 따라서 우리는 얼마나 큰 부분이 순전히 감각적 욕망에 의해 점유되고 있는지를 볼 수 있습니다. 이는 매우 불쾌한 갈색과 붉은색이 거의 핏빛에 가까운 것으로 나타나고 있습니다.

예상할 수 있듯이 기만, 이기심, 탐욕이 여기에서 눈에 띕니다. 칙칙한 주홍색의 얼룩은 격렬한 분노를 암시하기도 합니다. 애정은 거의 나타나지 않으며, 나타나는 지성과 종교적 감정은 가능한 한 가장 낮은 종류입니다.

주의해야 할 또 다른 점은 이 심령체 윤곽의 불규칙성, 일반적으로 흐릿한 효과 그리고 색상이 배열되는 방식입니다. 더 진화된 인간의 몸체로 넘어가면 이 점에서 상당한 개선이 있을 것입니다. 색상은 항상 어느 정도 서로 섞이고 녹아들지만, 그럼에도 불구하고 일반적인 사람에게는 색상이 다소 규칙적인 밴드로 놓이는 경향이 있는 반면, 몸의 윤곽은 상당히 명확하고 규칙적입니다. 그러나 미성숙한 영혼의 경우 모든 것이 잘못 조절되고 혼란스럽습니다. 그는 분명히 폭력적이고 종종 악의적인 충동적이며, 그는 그러한 감정들을 통제하려는 최소한의 노력도 없이 즉시 굴복합니다. 전반적으로 매우 불쾌한 인격체입니다. 그러니 <u>우리 모두는 이 단계를 거쳤으며, 그 안에서 얻은 경험을 통해 우리는 더 순수하고 고귀한 무언가로 올라갈 수 있었습니다.</u>

오라의 움직임과 색상 배열

　우리가 다양한 몸체의 모습을 깨닫기 위해 노력할 때, 그것들을 구성하는 입자가 항상 빠르게 움직이고 있다는 것을 끊임없이 명심해야 합니다. 차례로 특별히 언급될 특정 경우에는 이러한 몸에 명확한 띠와 명확하게 정의된 선이 있습니다. 하지만 대다수의 경우 색상의 오라는 서로 녹아들 뿐만 아니라 항상 서로 굴러다니며, 굴러다니면서 나타났다 사라집니다. 실제로, 이 빛나고 선명한 색채를 띤 안개의 표면은 격렬하게 끓는 물의 표면과 비슷한 양상을 보입니다. 이 현상은 심령계의 입자들이 소용돌이치는 모습을 보여 주는데, 이는 에테르 생명력들의 움직임을 나타냅니다. 이 입자들은 표면으로 올라왔다가 다시 가라앉기를 반복하며, 끊임없이 서로의 위치를 바꾸고 있습니다. 그래서 우리가 그림으로 표현한 것처럼 각각의 색채들이 항상 동일한 위치를 유지하지는 않습니다. 그러나 그럼에도 불구하고 오라의 색상들은 여기서 묘사된 배열로 자연스럽게 정렬되는 경향이 있습니다. 노란색, 장미색, 파란색이 항상 정확히 같은 위치에 있지는 않지만, 이 색상들은 회전하고 움직이면서도 항상 오라의 상부 근처에 머무릅니다. 이러한 색상들은 존재할 때마다 항상 물질적 신체의 머리 부근에서 발견됩니다. 반면에 이기심, 탐욕, 기만, 증오를 나타내는 색상들은 항상 하단에 나타나는 경향이 있으며 감각적 느낌을 나타내는 큰 덩어리는 보통 이 둘 사이에 떠 있습니다.

　각각의 진동률은 우리 눈에 색채로 보입니다. 이러한 진동들은 각자 자신만의 특별한 유형의 심령체나 정신체를 가지고 있습니다. 이 몸체들 안에서 진동은 가장 자유롭게 움직일 수 있습니다. 끊임없이 변화하는 이 안개구름 속에서 색채들이 차지하는 평균적인 위치는 실제로 각각의 특수한 물질이 지닌 비중에 따라 결정됩니다. 갑작스러운 감정의 격류로 인해 심령체의 전체 또는 거의 전체가 일시적으로 특정 진동수로 강제 진동할 수 있습니다. 하지만 이러한 힘이 제거되면, 자연스러운 진동이 아닌 부분들은 모두 원래의 진동 상태로 되돌아가게 됩니다.

당연히 인간은 저마다의 특성이 있고, 똑같은 사람은 없지만, 주어진 각 그림은 그 부류의 평균적인 표본의 한 부분을 나타냅니다. 그리고 그 다양한 색조는 일반적으로 발견되는 오라에 표시됩니다.

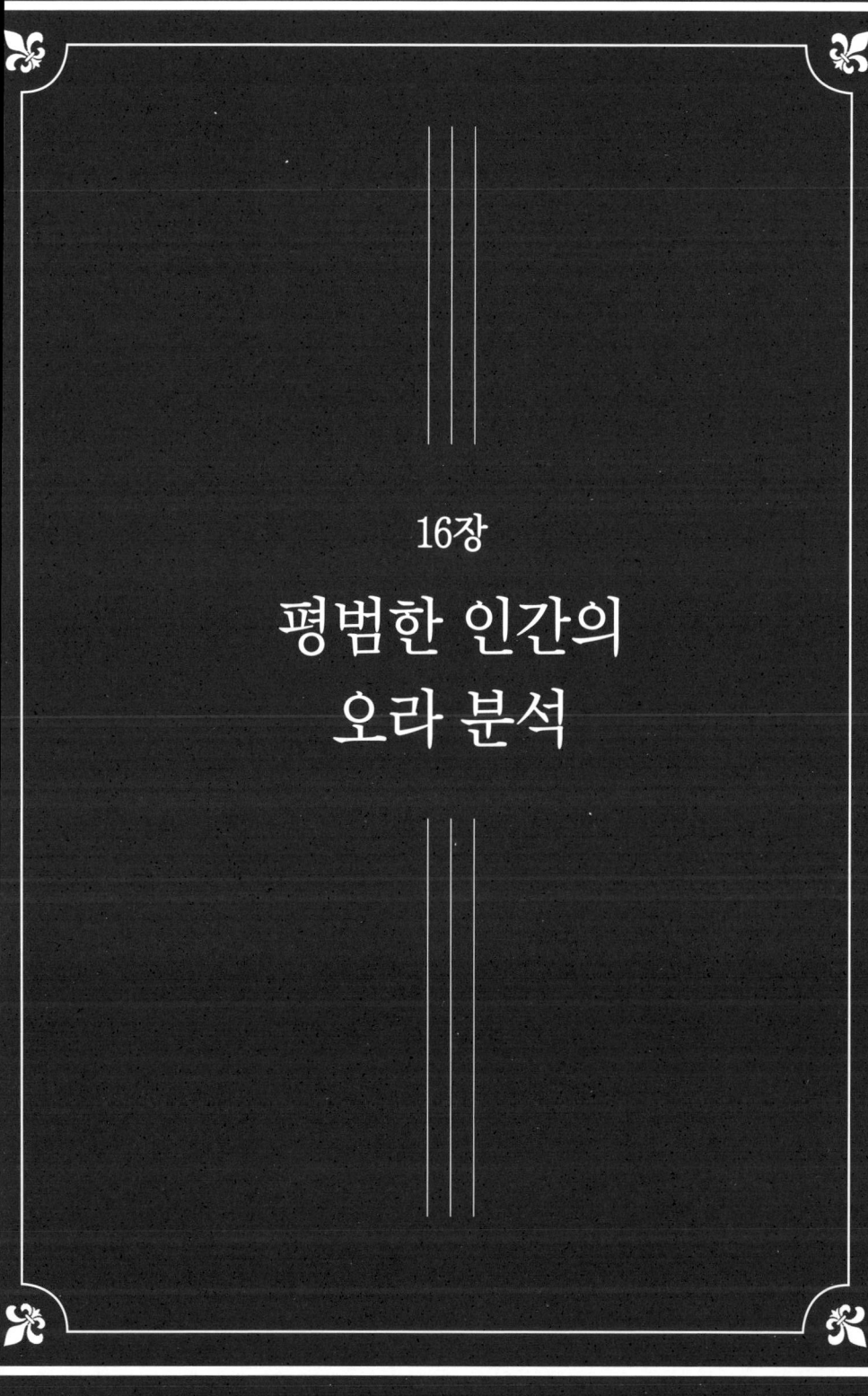

16장
평범한 인간의 오라 분석

평범한 사람의 오라의 특징

이제 "길거리의 평범한 사람"을 살펴보도록 하겠습니다. 이를 통해 그들이 이룬 발전의 정도와 그것이 몸체들에서 어떻게 나타나는지 알아보겠습니다. 인간의 원인체를 영적 시각으로 관찰해 보면, 그림 8에서 보이는 발달 단계에 이르렀음을 알 수 있습니다. 거대한 오라의 막에서 내용물이 뚜렷하게 증가했음을 확인할 수 있습니다. 매우 섬세하고 에테르와 같은 색채가 그 안에 존재하게 되었지만, 아직 절반도 채워지지 않은 상태입니다. 색채들의 기본적인 의미는 하위 차원에서와 동일하지만, 여기서는 영혼이 확실하게 영구적으로 획득한 자질들을 나타냅니다. 이 색채들은 하위 차원에서 동일한 자질을 나타내는 색채들보다 여러 옥타브 높은 수준입니다.

인간 내면에서 이미 고차원적 지성, 진정한 헌신의 능력 그리고 진정한 이타적 사랑이 어느 정도 발달했음을 볼 수 있습니다. 이러한 자질들의 표현은 앞으로의 모든 환생에서 타고난 특질이자 기본 자산으로서 하위 차원에서도 발현될 것입니다. 가장 높은 이상을 향한 사랑과 헌신의 능력을 상징하는 매우 섬세한 보라색 색조가 이미 희미하게 나타나기 시작했습니다. 또한 동정심과 연민을 상징하는 맑은 녹색의 흔적도 희미하게 보입니다.

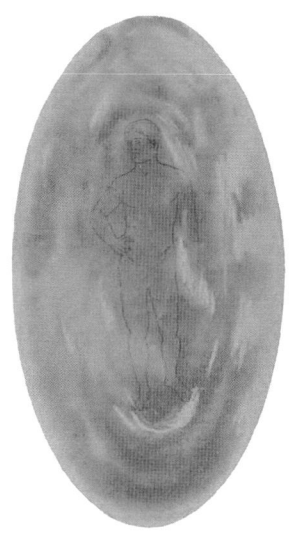

그림8. 평범한 사람의 원인체

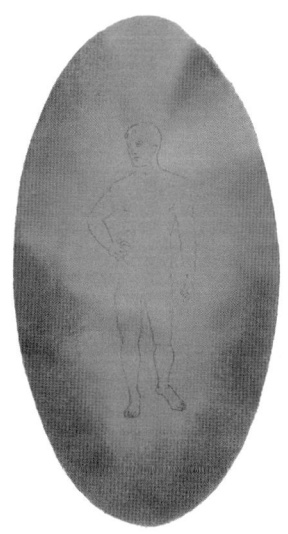

그림9. 평범한 사람의 정신체

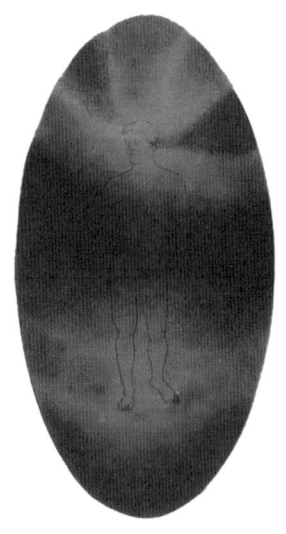

그림10. 평범한 사람의 심령체

그림9에 나타난 평범한 사람의 정신체를 살펴보면, 진화의 초기 단계 인간의 정신체와 비교해 상당한 발전이 있음을 알 수 있습니다. 지성, 사랑, 헌신의 비율이 더 높아졌을 뿐만 아니라, 이러한 특성들의 질적 수준도 크게 향상되었습니다. 완벽한 순수성에는 아직 도달하지 못했지만, 그림6에 비해 확실히 더 나은 상태를 보여 줍니다. 자만심의 비율은 이전과 비슷하지만, 그 수준이 높아졌습니다. 이제는 단순히 육체적인 힘이나 잔인함을 자랑스러워하기보다는, 자신이 가지고 있다고 생각하는 좋은 자질들에 대해 자부심을 느끼는 경향이 있습니다. 분노를 나타내는 붉은색은 여전히 존재하지만, 오라 속 더 낮은 위치에 자리 잡고 있습니다. 이는 정신체를 구성하는 물질의 전반적인 질이 향상되었음을 의미합니다.

초기 단계 인간의 정신체에서 보이는 낮은 단계의 초록색(탐욕과 이기심이 강하게 배어 있는 기만을 나타냄)은 분노의 붉은색보다 더 조밀하고 거친 물질이 필요했습니다. 평범한 사람의 정신체에 나타나는 확실히 더 나은 녹색은 진동을 위해 주홍색보다 약간 밀도가 낮은 유형의 물질이 필요합니다. 따라서 상대적 위치의 변화가 분명합니다. 녹색은 이제 기만이나 교활함보다는 어느 정도의 다재다능함과 적응하는 성격을 암시하는 것으로 발전했습니다. 정신의 많은 부분이 여전히 이기적인 경향의 갈색으로 채워져 있습니다. 하지만 이 색상조차도 이전보다 약간 더 따뜻하고 덜 냉혹해 보입니다.

평범한 사람의 심령체

이제 그림10으로 눈을 돌리면 그림9의 정신체에 해당하는 심령체, 즉 평범한 사람의 심령체를 볼 수 있습니다. 이 심령체는 정신체와 밀접하게 일치하지만 색상이 당연히 다소 거칠고 더 높은 차원에서 표현될 수 없는 특정 격정의 매우 확실한 징후를 포함하고 있음을 알 수 있습니다. 그럼에도 불구하고 그림7의 심령체에 비해 많이 개선된 것을 알 수 있습니다. 감각적 욕망은 덜하지만, 불행히도 여전히 가장 두드러진 특징 중 하나입니다. 하지만 적어도 이전만큼 완전히 잔혹하고 압도적이지는 않습니다. 이기심은 여전히 매우 두드러지고 개인적인 목적을 위한 기만 능력은 여전히 의심할 여지 없이 존재합니다. 하지만 이미 녹색이 두 가지 뚜렷한 자질로 나뉘는 것처럼 보이며, 단순한 교활함이 점차 적응하는 능력이 되어 가고 있음을 보여 줍니다.

이 심령체 그림은 해당 인간 유형의 평균적인 특성을 나타낼 뿐만 아니라, 비교적 평온한 상태일 때의 평균적인 상태도 보여 줍니다. 평범한 사람의 심령체는 매우 드물게 평온한 상태에 있기 때문에, 갑작스러운 충동이나 감정의 격류에 의해 영향을 받을 때의 모습을 고려하지 않는다면 그 현상의 가능성에 대해 매우 불완전한 이해만을 얻게 될 것입니다. 또한 심령체에 변화를 일으키는 더 영구적인 마음의 상태들이 있는데, 이는 주목할 만큼 충분히 특징적입니다. 이제 우리는 이러한 다양한 효과들을 설명하기 위해 몇 개의 그림을 살펴보겠습니다.

… 17장

감정에 따른 오라의 형태와 색채

감정에 따른 심령체의 변화

 이러한 감정 중 일부는 심령체에서 매우 놀라운 결과를 낳고, 주의 깊게 연구할 가치가 있는 결과입니다. 이 책에 나와 있는 모든 그림은 실제에서 가져온 것이라는 전제가 있어야 합니다. 그것들은 추측된 조건에서 사람이 어떻게 보일지에 대한 누군가의 생각이 아닙니다. 그것들은 설명된 상황에서 살아 있는 사람들의 몸체가 나타내는 모습을 표현한 것입니다. 그것들은 상상의 결과가 아니라 관찰과 신중한 재현의 결과입니다.

애정

 그림11을 보면 강력하고 완벽하게 순수한 애정의 갑작스러운 물결이 사람을 휩쓸 때 보이는 효과를 묘사하려는 시도를 볼 수 있습니다. 선택된 예는 아기를 낚아채서 키스로 덮는 어머니의 예입니다. 순식간에 심령체는 격렬한 동요에 휩싸이고 원래 색상은 한동안 거의 가려집니다. 이러한 모든 경우에서, 그림10에서 보이는 일반인의 심령

체가 기본 바탕이 됩니다. 하지만 강렬한 감정이 지나가는 동안에는 원래의 심령체 모습은 거의 보이지 않게 됩니다. 그림11에서 나타나는 변화를 분석해 보면, 이는 네 가지 개별적인 부분으로 구성되어 있음을 알 수 있습니다.

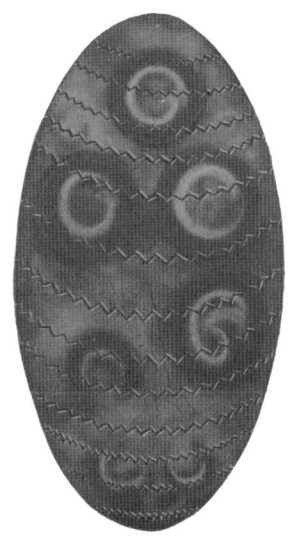

그림11. 애정

　선명한 색상의 특정 코일 또는 소용돌이가 보이는데, 잘 정의되고 단단해 보이며 내부에서 강렬한 빛으로 빛나고 있습니다. 이것들 각각은 실제로 심령체 내에서 생성된 강렬한 애정의 생각-에너지체이며, 감정의 대상을 향해 심령체에서 쏟아져 나오려고 합니다. 책 《Thought Forms(생각의 에너지체)》에는 목표를 향해 공중을 날아가는 바로 이 코일 중 하나의 그림이 있습니다. 빠른 움직임으로 인해 모양이 어느 정도 수정되어 나선형이 혜성의 머리와 다소 비슷한 발사체가 되었음을 알 수 있습니다. 이 소용돌이치는 살아 있는 빛의 구름(오라)을 묘사하기는 어렵지만, 실제 모습은 말로 표현할 수 없을 정도로 아름답습니다.

심령체 전체가 수평으로 맥박 치는 진홍색 빛 줄무늬로 교차하는데, 움직임이 매우 빨라서 생각-에너지체보다 정확하게 표현하기가 더 어렵습니다. 그러나 전반적인 효과는 작가가 매우 행복하게 포착했습니다.

장밋빛의 일종의 막이 심령체 전체 표면을 덮고 있어서, 내부의 모든 것이 착색된 유리를 통해 보는 것처럼 보입니다. 그림에서는 이것이 가장자리에서만 나타납니다. 진홍색의 물결이 심령체 전체를 채우면서, 다른 모든 색조에 어느 정도 영향을 미칩니다. 그리고 이 진홍색은 여기저기 불규칙한 형태로 응집되어 있는데 마치 반쯤 형성된 권운(卷雲)처럼 둥둥 떠다니는 모습입니다.

이러한 장관을 이루는 심령의 불꽃놀이는 보통 몇 초만 지속되며, 그 후 신체는 빠르게 정상 상태로 돌아갑니다. 하지만 이러한 감정의 흐름은 매번 영향을 미칩니다. 타원형의 상부에 있는 진홍색을 조금씩 더해 가고, 심령체의 입자들이 다음번 애정의 물결에 더 쉽게 반응할 수 있도록 만듭니다. 이러한 충동이 일시적일지라도, 반복될수록 그 효과는 누적됩니다. 또한 잊지 말아야 할 점은 사랑과 기쁨의 생생한 진동이 방사되면서 다른 이들에게 좋은 영향을 미친다는 것입니다.

한 사람이 다른 사람에게 깊은 애정의 생각을 보낼 때, 실제로 자신의 일부를 주는 것이라는 사실을 알게 되면 많은 순수한 마음을 가진 사람들은 더욱 행복해질 것입니다. 구체적으로 설명하자면, 특정한 심령 물질이 사랑하는 사람에게 전달되는데, 이는 매우 강력한 고유의 진동률로 충전되어 있습니다. 이 진동은 수신자가 특별히 다른 생각에 깊이 빠져 있지 않는 한, 자연스럽게 재생산되어 수신자의 심령체를 같은 진동으로 공명하게 만듭니다. 이는 곧 사랑이 사랑을 낳는다는 것을 의미합니다. 따라서 누군가를 사랑한다는 것은, 그 사람을 원래보다 더 나은 사람으로 만드는 확실한 방법이 됩니다.

신앙심

파란색이 모든 곳에서 진홍색으로 대체되었다는 점을 제외하면 그림12는 그림11과 거의 동일합니다. 이 그림은 묵상에 몰두하던 수녀에게 갑작스럽게 밀려오는 신앙적 충동을 묘사하고 있습니다. 애정의 충동과 관련하여 언급했던 네 가지 형태의 발현, 즉 소용돌이치며 빛나는 코일, 빠르게 진동하는 수평선, 바깥쪽 막, 구름의 소용돌이도 여기에서도 관찰할 수 있으며, 그 의미는 정확히 동일하여 모든 곳에서 애정을 종교적 감정으로 대체합니다.

그림12. 신앙심

 이처럼 완벽한 헌신의 분출은 상당히 드문 현상입니다. 이는 유사하게 완벽한 사랑의 분출보다도 훨씬 덜 일어납니다. 제단 앞에서 예배를 드리는 사람의 경우에서 이러한 성질의 감정의 급류를 볼 수 있습니다. 하지만 일반적으로 이때의 감정은 앞서 설명한 것처럼 명확하거나 정밀하지는 않습니다. 보통의 경우, 평행선들은 덜 규칙적이고 덜 두드러집니다. 또한 선명하게 정의된 나선형 코일들은 완전히 없어지고, 대신 그 자리를 형태가 없는 푸른 증기구름들이 차지하게 됩니다.

 대부분의 경우, 신앙심이라는 감정은 막연하고 명확하지 않은 경우가 많습니다. 실제로 그림에 나와 있는 것처럼 훌륭한 표본은 드뭅니다. 이 경우에는, 감정의 물결처럼 불룩한 끝을 가진 발사체의 형상을 취하지 않고, 대신에 멋진 위로 솟아오르는 첨탑의 형태를 띠었습니다. 이러한 사례 중 하나는 《Thought Forms(생각의 에너지체)》에도 나와 있으며, 그러한 신앙심의 노력이 더 높은 차원으로부터 얼마나 놀라운 능력이 쏟아짐을 불러오는지를 보여 주고 있습니다.

강렬한 분노

그림13은 아마도 전체 시리즈 중 가장 인상적인 모습을 보여 줍니다. 이 그림은 설명이 없어도 분노에 휩쓸리는 어리석음에 대한 강력한 경고의 메시지를 전달합니다. 이전 사례들과 마찬가지로, 감정이 급격히 치솟으면서 심령체의 일반적인 배경이 일시적으로 가려집니다. 하지만 이번에는 강렬하고 생생한 생각들이 불행히도 악의와 적대감으로 가득 차 있습니다.

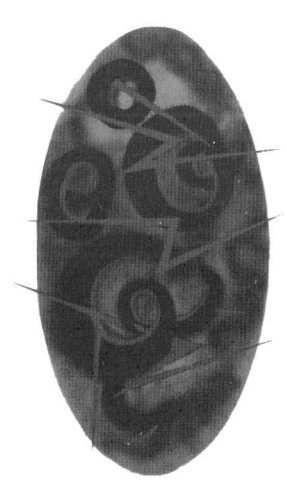

그림13. 강렬한 분노

이러한 감정들은 다시 한번 소용돌이나 회오리의 형태로 표현되지만, 이번에는 무겁고 천둥 같은 검댕 빛깔의 덩어리로 나타납니다. 이 덩어리들은 내면의 활발한 증오심으로 인해 불길한 빛을 발합니다. 덜 선명한 어두운 구름의 기운이 심령체 전체를 더럽히고 있으며, 그 사이로 통제되지 않은 분노의 불화살들이 번개처럼 관통하고 있습니다.

엄청나고 정말 끔찍한 광경입니다. 더 완전히 이해할수록 더 끔찍해 보입니다. 이것은 분노로 인해 완전히 제정신이 아닌 사람, 잠시 동안 자신을 완전히 통제하지 못하는 사람의 경우입니다. 교육과 관습의 규율이 여전히 그를 외부 폭력으로부터 막아 준다고 해도, 그 끔찍한 섬광은 칼처럼 다른 심령체를 관통하고 있으며, 그 사람은 물리적 차원에서 공격하는 것만큼 눈에 띄지는 않지만 실제로 주변 사람들을 해치고 있습니다.

그가 이렇게 다른 사람들에게 위험의 근원이 되는 동안, 그는 스스로 완전히 무방비 상태입니다. 한순간 분노가 그를 완전히 지배했습니다. 욕망이라는 원초적 요소가 최고가 되어 참된 인간은 일시적으로 자신의 몸체를 잃었습니다. 그러한 상황에서 더 강한 의지가 그가 빼앗기도록 허용한 것을 붙잡을 수 있습니다. 다시 말해서, 그러한 순간, 즉 사람이 분노에 휩싸일 때, 그는 비슷한 성격의 죽은 사람이나 그를 지배하는 진동과 동기화(빙의)되는 어떤 사악한 생각-에너지체에 의해 사로잡히거나 집착될 수 있습니다. **그는 주변 사람들에게도 위험할 뿐만 아니라 자신에게도 끔찍한 위험에 처하게 하고 있습니다.**

물론 그림을 위해 선택된 사례는 극단적인 사례이며, 그러한 상태는 일반적으로 몇 분 이상 지속되지 않습니다. 하지만 분노에 빠지는 모든 사람은 어느 정도 이러한 특성을 보입니다. 그리고 사람들이 분노의 폭발에 굴복할 때 볼 수 있는 사람들의 눈에 자신이 어떻게 보이는지 안다면 분명히 그것들을 피하기 위해 훨씬 더 주의를 기울일 것이라고 느낄 수밖에 없습니다.

격렬한 감정의 돌풍은 사라지지만 그 흔적은 남습니다. 평범한 사람의 심령체에는 항상 어느 정도의 주홍색이 있는데, 이는 분노의 능력, 즉 짜증을 낼 수 있는 가능성을 보여 줍니다. 분노의 폭발은 매번 여기에 무언가를 더하고 전체 몸체의 물질이 이러한 매우 바람직하지 않은 진동에 이전보다 다소 더 쉽게 반응하도록 합니다.

격렬한 감정은 일시적일 수 있지만, 그 기록은 우주의 기억 속에 영원히 남는다는 점을 기억해야 합니다. 악한 바람에 의해 만들어진 생각-에너지체는 그 바람의 강도에 비례하는 기간이 지나면 소멸될 것입니다. 하지만 그 생각-에너지체의 생명 주기 동안의 모든 순간들이 생생한 사진처럼 기록되어 남습니다. 또한 그 생명 주기 동안 일으킨 모든 광범위한 결과들은 절대적 정의에 따라 그것을 창조한 사람의 카르마에 정확히 기록됩니다.

공포심

공포가 심령체에 미치는 영향은 매우 충격적입니다. 갑작스러운 공포의 충격은 순식간에 전체 심령체를 이상한 납빛 회색 안개로 뒤덮습니다. 같은 색조의 수평선들이 나타나지만, 너무나 격렬하게 진동하여 개별적인 선으로 구분하기가 거의 불가능합니다. 그 결과는 말로 표현할 수 없을 정도로 섬뜩합니다. 그림14는 종이에 표현할 수 있는 한도 내에서 이를 보여 주려 했지만, 심령체에서 일시적으로 모든 빛이 사라지고 전체 회색 덩어리가 젤리처럼 무기력하게 떨리는 이상한 모습을 제대로 묘사하기는 어렵습니다.

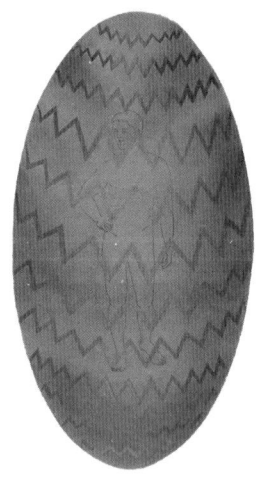

그림14. 공포심

이러한 모습은 극심한 공황을 나타내며 보통 곧 사라집니다. 지속적인 두려움이나 극도의 신경과민 상태는 같은 현상의 훨씬 완화된 형태로 표현됩니다. 그러나 회색빛의 독특한 색조와 특징적인 떨림은 이런 끊임없는 존재를 나타내는 변함없는 징후입니다.

18장
성격 유형에 따른 오라의 특징

짜증을 잘 내는 사람

 이제 우리는 특정한 성격 유형이 인간의 몸에서 어떻게 드러나는지를 살펴보겠습니다. 이 중에서 짜증을 잘 내는 사람의 경우가 좋은 예시가 됩니다. 이 사람의 심령체에서는 넓은 붉은 띠가 주된 특징 중 하나로 나타나며, 이는 그림16에서 볼 수 있습니다. 하지만 그를 다른 사람과 특히 구별 짓는 것은 심령체의 모든 부분에 붉은 반점들이 마치 느낌표처럼 떠 있는 점입니다.

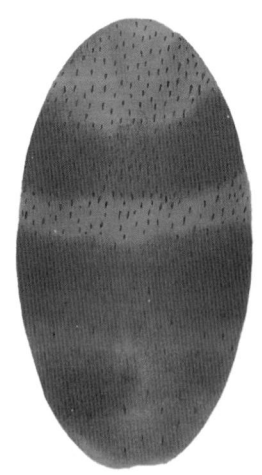

그림16. 짜증을 잘 내는 사람

이러한 반점들은 일상생활에서 끊임없이 발생하는 작은 걱정거리들에 대한 짜증의 작은 발현들로 인해 생깁니다. 사소한 문제라도 발생할 때마다, 예를 들어 커피가 식었거나, 기차를 놓쳤거나, 아기가 잉크병을 엎지른 경우, 예민한 사람은 참지 못하고 짜증 섞인 말이나 화를 내며 감정을 표출합니다. 이때 작은 붉은 섬광이 그의 통제되지 않은 감정을 나타냅니다. 때때로 이러한 작은 감정의 표출들은 문제를 일으켰다고 생각되는 사람을 향해 바깥으로 뻗어 나가기도 합니다. 하지만 많은 경우, 이 감정들은 심령체 내부에 그대로 남아 떠다니며 그림에서 볼 수 있는 모습을 형성하게 됩니다. 이러한 붉은 점들은 서서히 사라지지만, 다른 것이 다시 그 자리를 차지합니다. 왜냐하면 예민한 사람은 짜증을 부릴 만한 이유를 결코 놓치지 않기 때문입니다.

인색한 사람

이 17번 그림은 매우 특이하면서도 다행히도 흔치 않은 모습을 보여 줍니다. 이 사람의 심령체는 일반적인 것과는 다른 특징을 보입니다. 신심이 완전히 결여되어 있고, 애정도 정상적인 수준보다 훨씬 부족합니다. 탐욕, 이기심, 속임수, 교활함이 모두 강화되어 있습니다. 반면에 육체적 욕망은 매우 적게 나타납니다. 가장 주목할 만한 특징은 타원형 심령체를 가로지르는 평행한 줄무늬들입니다. 이 줄무늬들은 마치 그 사람이 감옥에 갇혀 있는 것 같은 인상을 줍니다. 이 띠들은 짙은 갈색(거의 흑갈색에 가까운)이며, 윗부분은 선명하게 구분되어 있지만 아랫부분은 구름처럼 흐려집니다.

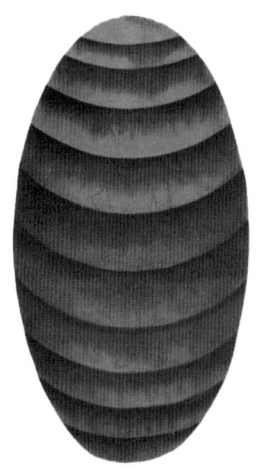

그림17. 매우 인색한 사람

이것은 전형적인 인색한 사람의 모습입니다. 이처럼 극단적인 경우는 흔치 않습니다. 하지만 많은 사람들이 어느 정도 인색한 성향을 가지고 있으며, 이는 탐욕의 색이 강화되고 심령체 상부에 한두 개의 띠가 나타나는 것으로 확인됩니다.

이 사람은 스스로를 세상으로부터 차단했습니다. 외부의 진동이 그에게 쉽게 영향을 미칠 수 없습니다. 이런 방식으로 그는 일상적인 유혹들을 피할 수 있을지 모르지만, 동시에 친구들의 사랑과 공감 그리고 모든 높은 차원의 종교적 감정들도 받아들일 수 없게 됩니다. 무엇보다도, 그의 감옥과 같은 장벽은 안팎으로의 진동을 모두 차단합니다. 이로 인해 그는 애정이나 헌신을 전혀 표현할 수 없게 됩니다. 그는 완전히 자신의 이기심에 갇혀 있으며, 어떤 인간에게도 도움이 되지 않습니다. 이러한 상태에서는 어떠한 영적 진화도 이룰 수 없습니다. 탐욕이라는 악덕은 일시적으로 모든 발전을 완전히 멈추게 하는 효과가 있습니다. 특히 이것이 한번 개성에 깊이 뿌리를 내리면 벗어나기가 매우 어렵습니다.

깊은 우울증에 빠진 사람

그림18에 나타난 심령체는 이전 것과 여러 면에서 비슷합니다. 하지만 여기서는 갈색 대신 칙칙한 회색 선들이 보이며, 전체적인 모습이 관찰자에게 말로 표현할 수 없는 우울함과 침체감을 줍니다. 이 경우에 특별히 결여된 특질들이 있는 것은 아닙니다.

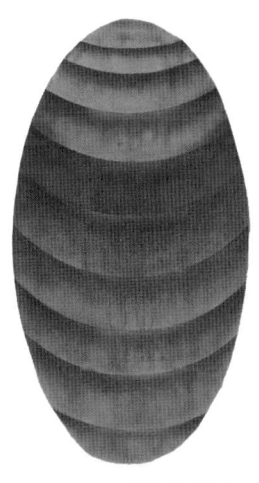

그림18. 깊은 우울증

단지 일반적인 신체의 색상들이 배경으로 있을 뿐이지만, 모든 것이 이 무거운 눈물 같은 선들로 가려져 있습니다. 이 그림은 극도의 우울 상태에 있는 사람을 나타내는데, 이는 마치 구두쇠처럼 완전히 고립된 상태입니다. 당연히 이러한 상태와 건강한 심령체 사이에는 수많은 중간 단계들이 존재합니다. 우리의 심령체에는 우울한 감정이 몇 줄의 진동으로만 나타날 수 있으며, 이마저도 일시적일 수 있습니다. 더 가벼운 경우에는 무거운 구름과 같은 우울한 에너지가 심령체에 뚜렷한 형태를 만들 시간조차 없이 사라지기도 합니다.

하지만 안타깝게도 많은 사람들이 이러한 감정에 쉽게 굴복하고, 절망의 안개가 자신을 완전히 둘러싸서 세상이 온통 암흑처럼 보이도록 내버려둡니다. 그들은 이렇게 함으로써 자신의 영적 진화를 심각하게 지연시키고 많은 기회를 놓치게 될 뿐만 아니라 주변의 모든 사람들에게 불필요한 고통과 피해를 준다는 사실을 깨닫지 못합니다. 우울한 감정만큼 강력하게 전염되는 심리적 상태는 없습니다. 이것의 진동은 모든 방향으로 퍼져 나가 주변의 모든 심령체에 침체와 무기력의 영향을 미칩니다. 이는 그 심령체의 주인이 현세에 있든 아니든 관계없습니다. 따라서 우울감에 굴복하는 사람은 산 자와 죽은 자 모두에게 골칫거리이자 위험 요소가 됩니다. 특히 현대와 같이 과도한 스트레스와 불안이 만연한 시대에는 대부분의 사람들이 이러한 우울한 진동의 전염을 막아 내기가 매우 어렵기 때문입니다.

그러한 끔찍한 영향에 대항하는 유일한 인간은 삶의 목적을 이해하고 철학적, 상식적인 관점에서 그것을 고려하는 사람입니다. 다행히도 좋은 영향도 나쁜 영향만큼 쉽게 퍼질 수 있습니다. 행복할 만큼 지혜로운 사람은 주변에 행복을 전파하는 중심이 되어, 마치 태양처럼 빛과 기쁨을 주변에 퍼뜨립니다. 이 과정에서 그는 모든 기쁨의 원천인 신과 함께 일하는 동료가 됩니다. 이러한 방식으로 우리는 우울하고 부정적인 감정의 장벽을 허물고, 영혼을 신성한 사랑의 햇빛 속에서 자유롭게 할 수 있습니다.

신앙적인 사람

마지막으로 특정한 사례를 살펴보며 여러 다른 유형의 심령체를 이해하는 데 도움이 될 만한 두 가지 뚜렷한 유형을 알아보겠습니다. 첫 번째는 그림19에 묘사된 '신앙적인 사람'입니다. 그의 특징은 그의 색상을 통해 나타나며, 우리는 그가 높은 이상에 대한 반응 가능성을 암시하는 희미한 보라색을 가지고 있음을 봅니다.

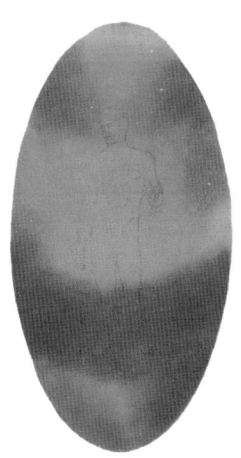

그림19. 신앙적인 사람

그의 가장 두드러진 특징은 강한 종교적 감정을 보여 주는 비정상적으로 발달된 파란색입니다. 하지만 불행히도 이것의 극히 일부만이 이타적인 헌신의 순수한 밝은 파란색이고, 대부분은 어둡고 다소 탁한 색조를 띠고 있어 개인적인 이득에 대한 많은 욕망이 혼합되어 있음을 암시합니다.

매우 적은 비율의 노란색은 그가 자신의 헌신을 합리적인 방향으로 이끌거나 무의미한 편협함으로 타락하는 것을 막을 지능이 거의 없다는 것을 알려 줍니다. 그는 상당히 높은 수준은 아니지만 상당한 비율의 애정과 적응력을 가지고 있습니다. 하지만 나타나는 감각적 욕망의 양은 평균보다 훨씬 높으며, 속임수와 이기심도 매우 두드러집니다. 극도의 감각적 욕망과 헌신적인 기질이 매우 자주 함께 나타나는 것은 주목할 만한 사실입니다. 그것은 그들 사이에 숨겨진 연관성이 있음을 암시합니다. 아니면 단순히 둘 다 주로 자신의 감정 속에서 살아가고 이성으로 감정을 통제하려고 노력하기보다는 감정에 의해 지배되는 사람의 특징일 수 있습니다. 주의해야 할 또 다른 점은 색상 분포의 불규칙성과 윤곽의 모호함입니다. 그것들은 모두 서로 녹아들고 어디에도 명확한 경계선이 없습니다. 이것은 또한 신앙적인 사람의 개념의 모호함을 잘 나타냅니다.

이 경우와 마찬가지로 이 장의 다른 모든 경우에 우리는 평범한 사람의 변형만을 다루고 있다는 것을 이해할 것입니다. 따라서 이것은 평범하고 지적이지 않은 종교인의 심령체입니다. 완전한 이해에 의해 유발

되고 이성에 의해 인도되는 발달된 종교인의 심령체는 전혀 아닙니다.

과학적인 사람

관찰자는 그림20에 나와 있는 몸과 우리가 방금 설명한 몸 사이의 대조에 충격을 받지 않을 수 없습니다. 그림19에서 우리는 주요 특징이 (일종의) 신앙과 감각적 욕망이며 매우 적은 양의 지성이 나타나는 것을 봅니다. 그림20에서 우리는 헌신이 전혀 없고 평균적인 감각적 욕망이 훨씬 적지만 지성은 매우 비정상적인 정도로 발달해 있습니다. 애정과 적응력은 모두 양이 다소 적고 질이 좋지 않아 지적 발달에 가려지는 것처럼 보입니다. 사람이 아직 이러한 모든 자질을 더 높은 형태로 동등하게 소유할 만큼 충분히 발전하지 못했기 때문입니다.

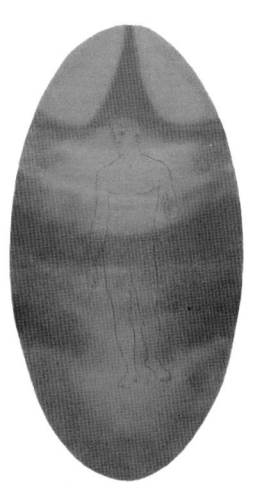

그림20. 과학적인 사람

18장 성격 유형에 따른 오라의 특징 | 159

이 사람의 심령체에서는 이기심과 탐욕이 상당히 보이며, 질투할 수 있는 성향도 드러납니다. 하지만 이 사람의 가장 두드러진 특징은 큰 비중을 차지하는 황금빛 노란색입니다. 이는 지식을 얻는 데 주로 집중된, 잘 발달된 지성을 나타냅니다. 이 노란색 한가운데에서 솟아오르는 밝은 주황색의 거대한 원뿔 모양은 그의 지식과 관련된 상당한 자부심과 야망을 보여 줍니다. 그러나 노란색의 색조를 보면, 그의 지성이 순전히 이기적인 목적으로만 사용되지는 않는다는 것을 알 수 있습니다.

또한 과학적이고 질서 정연한 사고방식이 심령 색상의 배열에 뚜렷한 영향을 미친다는 점에 주목해야 합니다. 그것들은 규칙적인 밴드를 이루는 경향이 있으며, 그들 사이의 경계선은 이전 그림보다 훨씬 더 명확합니다.

19번과 20번 그림에 묘사된 심령체들은 불균형한 발달의 두 가지 사례를 보여 줍니다. 각각의 유형은 장점도 있지만, 분명한 단점도 가지고 있습니다. 이제 우리는 더 발달된 사람의 몸체에 대해 살펴보겠습니다. 이러한 발달된 사람은 앞서 언급된 다양한 특질들을 훨씬 더 많이 보유하고 있습니다. 그러나 중요한 점은 이러한 특질들은 서로 균형이 잘 잡혀 있다는 것입니다. 어느 한 특질이 다른 특질을 지배하거나 억누르는 것이 아니라, 서로를 지지하고 강화하는 방식으로 작용합니다.

19장

영적 성장의 촉매제

감정이 영적 신체에 미치는 영향

우리는 인간의 외부 몸체에 영향을 미치는 몇 가지 갑작스러운 감정의 즉각적인 효과를 설명하려고 노력했습니다. 이러한 감정이 빠르게 지나간다고 해도, 이는 내면의 영혼에 영구적인 결과를 남긴다는 점을 설명했습니다. 이제 우리는 특정한 성향이나 성격 유형이 어떤 방식으로 나타나는지를 설명하려고 합니다. 이를 통해 각 성향이나 성격이 인간의 진화하는 길에서 그의 발달에 얼마나 영향을 미치는지 알 수 있게 될 것입니다.

대부분의 사람들의 삶에 상당한 영향을 미치는 한 가지 요인이 있습니다. 이 요인은 앞서 논의한 범주에 정확히 속하지는 않습니다. 주로 갑작스럽게 나타나지만 대부분의 경우 그 지속 시간은 평생 지속되지는 않습니다. 그러나 우리가 앞서 고려했던 감정들처럼 빠르게 사라지지는 않습니다. 이 요인은 주로 그림8, 9, 10에 묘사된 사람의 삶에서 주요 사건인 경우가 많습니다. 사실, 이것은 종종 단조롭고 비천하며 이기적인 삶 속에서 유일하게 빛나는 순간입니다. 이런 인격이 일시적으로 자기 자신을 벗어나 한층 높은 수준에서 살아가는 유일한 기회인 경우가 많습니다.

사랑에 빠질 때의 영적 변화

 이 갑작스러운 고양은 흔히 말하는 "사랑에 빠진" 사람에게 찾아옵니다. 비좁고 제한된 삶에 갑자기 위로부터 빛이 비치고 내면의 신성한 불꽃이 더 밝게 빛납니다. 나중에 그 사람은 그것을 다시 잃고 평범한 일상의 어두운 빛으로 다시 내려갈 수 있습니다. 그러나 그 사람에게서 경험을 앗아 갈 수 있는 것은 없으며, 더 높은 삶의 영광이 어느 정도 드러났습니다. 그는 비록 짧은 기간일지라도 자아가 왕좌에서 내려오고 다른 존재가 그의 세계에서 가장 중요한 자리를 차지하는 시기를 경험했습니다. 이를 통해 그는 자신의 영적 진화 과정에서 가장 소중한 교훈 중 하나를 처음으로 배우게 됩니다. 그 교훈이 완벽하게 동화되려면 아직 몇만 년이 남았지만, 이 첫 번째 엿보기조차도 에고(자아)에게 엄청난 중요성을 지니고 있으며 심령체에 미치는 영향은 특별한 주목을 받을 만합니다.

그림15. 사랑에 빠진 사람

그림10을 그림15와 비교하면 알 수 있듯이 변화는 예상치 못한 것이며 완전합니다. 두 몸은 너무나 특별해서 동일한 사람에게 속한다는 것을 알아볼 수 없습니다. 특정 자질이 한동안 완전히 사라지고 다른 자질이 엄청나게 증가했으며 상대적 위치가 상당히 변경되었음을 알 수 있습니다.

이기심, 속임수, 탐욕이 사라지고 타원의 가장 낮은 부분은 이제 동물적 열정의 큰 발전으로 채워졌습니다. 적응력의 녹색은 질투의 독특한 갈색 녹색으로 대체되었으며, 이 감정의 극도의 활동은 그것을 관통하는 밝은 주홍색 분노의 섬광으로 나타납니다.

하지만 바람직하지 않은 변화는 타원의 많은 부분을 채우는 멋진 진홍색 밴드로 인해 상쇄되고도 남습니다. 이것은 한동안 지배적인 특징이며, 심령체 전체가 그 빛으로 빛납니다. 그 영향으로 일반적인 몸의 탁함이 사라지고 색조는 모두 훌륭하고 명확하게 표시되며 좋고 나쁨이 모두 같습니다. 그것은 다양한 방향으로 삶의 강화입니다.

신앙심의 파란색도 뚜렷하게 개선되었으며, 심지어 (본성이 일시적으로 고양되었기 때문에) 옅은 보라색이 타원형 모양의 정상에 나타나 정말 높고 이타적인 이상에 반응할 수 있는 능력을 나타냅니다. 그러나 지성의 노란색은 한동안 완전히 사라졌습니다. 냉소적인 사람들은 이것이 그 상태의 특징이라고 생각할 것입니다!

이 모든 화려한 발전 이후에 인간이 그림10에 나타난 상태로 다시 후퇴한다는 것은 거의 불가능해 보입니다. 하지만 대부분의 경우 이런 후퇴가 실제로 일어납니다. 다만 진홍색의 양이 상당히 증가했고, 이전보다 더 선명한 색조를 띠게 됩니다. '사랑에 빠진' 이러한 경험은 에고(자아)에게 확실히 가치 있는 것입니다. 때로는 바람직하지 않은 요소들이 많이 동반될 수 있지만, 이는 에고에게 확실한 전진의 추진력을 제공합니다.

순수한 사랑의 발달적 가치

어린이들이 자신보다 나이가 많은 사람들에게 느끼는 강렬하고 이타적인 애정은 그들의 발전에 매우 강력한 요인이 됩니다. 이는 보통 낮은 동물적 본성과 관련된 모든 연관성으로부터 자유로운, 순수한 이익이기 때문입니다. 이러한 애정은 일시적으로 보일 수 있습니다. 세월이 흐르면서 그 대상이 한 번 이상 바뀔 수도 있습니다. 하지만 그 애정이 지속되는 동안에는 매우 실제적인 것입니다. 이는 매우 고귀한 목적을 수행합니다. 바로 몸체가 미래의 더 강력한 진동에 더 쉽게 반응할 수 있도록 준비시키는 것입니다. 이는 마치 과일나무의 아직 맺히지 않은 꽃과 같습니다. 이 꽃은 겉보기에는 허무하게 스러지는 것 같지만, 사실은 중요한 역할을 합니다. 꽃은 피어 있는 동안 매우 아름다울 뿐만 아니라, 앞으로 맺힐 열매를 위해 수액을 끌어 올리는 것을 돕는 것입니다.

20장

진화된 인간의 오라 분석

진화된 영혼의 특성과 원인체의 발달

"진화된"이라는 용어는 상대적인 것이므로 여기서 의미하는 바를 정확히 설명하는 것이 좋습니다. 이 제목 아래에 설명된 몸체는 명확하고 지적으로 "자신의 애정을 세상의 것이 아닌 위의 것에 두는" 순수한 마음을 가진 사람이라면 누구나 소유할 수 있는 것입니다. 그것들은 이미 "진화된"이라는 용어는 상대적인 개념이므로, 여기서 의미하는 바를 정확히 설명하겠습니다. 이 장에서 설명하는 몸체들은 순수한 마음을 가지고 있으며, 의식적이고 지적으로 "지상의 것이 아닌 상위의 것들에 애착을 둔" 사람이 가질 수 있는 것입니다. 이것은 아뎁트의 경지로 이어지는 길에서 이미 상당히 진화한 사람의 것은 아닙니다. 만약 그러한 경우라면, 크기와 구조 면에서 상당한 차이가 있을 것입니다. 하지만 이러한 몸체들은 분명히 그 소유자가 높은 진리를 추구하는 사람이며, 단순한 세속적 목표를 초월하여 이상을 위해 살아가는 사람임을 보여 줍니다. 이러한 수준의 사람들 중에는 어떤 방향으로 특별히 발달한 이들도 있고, 다른 방향으로 발달한 이들도 있습니다. 여기서 설명하는 것은 균형 잡힌 사람의 예시로, 제가 설명하는 수준에 있는 사람들의 공정한 평균이라고 할 수 있습니다.

먼저 그의 원인체를 나타내는 그림21을 살펴보겠습니다. 이것을 그림5와 8과 비교하면 그 사람의 진행 상황과 그것이 그의 외모에 어떻게 표현되는지 알 수 있습니다. 현재 시점에서 우리는 그가 내면에 많은 아름다운 자질을 개발했음을 관찰할 수 있습니다. 영롱한 무지개색의 얇은 막이 이제 가장 아름다운 색들로 가득 차 있으며, 이는 사랑, 헌신, 동정심의 높은 형태를 상징합니다. 이러한 감정은 정화되고 영성화된 지성과, 신성에 대한 열망으로 더욱 빛나고 있습니다. 우리 신지학 매뉴얼 중 여섯 번째 책인《The Devachanic Plane(천상계)》에서 인용하겠습니다.

원인체는 상상할 수 없을 정도로 미세하고 섬세하며 에테르와 같은 물질로 구성되어 있습니다. 이것은 생명의 불로 가득 차 있으며 강렬하게 생동감이 넘칩니다. 진화가 진행됨에 따라 원인체는 빛나는 색채들로 가득한 광채 나는 구체가 됩니다. 이 구체의 높은 진동은 그 표면에 끊임없이 변화하는 색조의 파문을 만들어 냅니다. 이러한 색조들은 지상에서는 볼 수 없는 것들입니다. 그것들은 언어로 표현할 수 없을 정도로 찬란하고 부드러우며 빛납니다. 이집트의 일몰 색채를 떠올려 보십시오. 여기에 저녁 무렵 영국 하늘의 놀라운 부드러움을 더해 보십시오. 그리고 이 색채들을 아이들의 그림물감 상자에서 나오는 색채들보다 더 밝고 투명하며 찬란하게 높여 보십시오. 하지만 이런 비유를 동원하더라도, 이 초자연적 세계의 차원에서 투시력으로 볼 수 있는 이 빛나는 구체들의 아름다움을 실제로 보지 못한 사람은 상상조차 할 수 없을 것입니다

이 모든 원인체들은 상위 차원에서 끌어온 생명의 불로 가득 차 있습니다. 이 원인체는 강렬한 빛줄기로 이루어진 떨리는 실로 상위 차원과 연결되어 있는 것처럼 보입니다. 이는 자얀 경전[16]의 구절을 떠올리게 합니다. "불꽃으로부터 한 줄기 불빛이 포하트[17]의 가장 미세한 실로 매달려 있다."

영혼이 성장하면서 신성한 영의 무궁무진한 바다로부터 더 많은 것을 받아들일 수 있게 됩니다. 이 신성한 에너지는 실과 같은 통로를 통해 아래로 흘러내립니다. 이 통로는 점차 확장되어 더 많은 에너지의 흐름을 수용하게 됩니다. 그다음 하위 차원에서는 마치 하늘과 땅을 연결하는 거대한 물기둥처럼 보이게 됩니다. 더 높은 차원에서는 생명의 원천이 흘러나오는 거대한 구체로 변화하며, 결국 원인체는 쏟아지는 빛 속에 녹아드는 것처럼 보입니다. 다시 한번 경전의 구절이 이를 잘 설명해 줍니다.

"관찰자와 그의 그림자를 잇는 실은 모든 변화마다 더욱 강하고 빛나게 된다. 아침 햇살은 정오의 영광으로 변화했다. 불꽃이 불빛에게 말했다. '이것이 네가 현재 있는 수레바퀴이다. 너는 나 자신이며, 나

---

16. 티베트 불교의 신비적인 고대 텍스트로, 우주의 기원과 진화에 대한 신비한 가르침을 담고 있다. 블라바츠키의 《The Secret Doctrine(비밀의 교리)》에서 처음 서양에 소개되었으며, 우주의 창조, 영적 에너지의 흐름, 인간 의식의 발달 등을 상징적인 언어로 설명한다.
17. 포하트(Fohat): 우주의 생명력이자 근본적인 창조 에너지이다. 쉽게 말해서 모든 차원과 존재를 연결하는 우주의 활력이나 전기와 같은 힘이라고 볼 수 있다. 높은 차원의 에너지를 물질계로 전달하는 우주적 매개체다.

의 형상이자 그림자이다. 나는 너를 통해 나를 옷 입혔고, 너는 '우리와 함께'의 날까지 나의 바하나(수레)[18]이다. 그때 너는 다시 나 자신과 다른 이들, 너 자신과 나로 돌아올 것이다.'"

종이 위에 이 모든 영광스러운 모습을 표현하려는 것은 얼마나 희망 없는 일처럼 보이는지요! 하지만 우리의 화가는 그 어떤 붓으로도 그려 낼 수 없는 것을 교묘하게 암시해 내는 데 성공했습니다. 비록 가장 뛰어난 물리적 이미지조차도 그 초월적 실재와는 거리가 멀 수밖에 없지만, 최소한 우리의 상상력이 출발할 수 있는 기점을 제공해 줍니다. 이를 통해 우리는 그 개념을 구축해 나갈 수 있게 됩니다.

우리는 진화한 사람의 가장 위대한 특징 중 하나인 더 높은 차원의 힘이 흐르는 통로 역할을 하는 능력을 간과해서는 안 됩니다. 그의 원인체로부터 이러한 힘이 여러 방향으로 흘러 나가는 것을 볼 수 있습니다. 이는 그가 지닌 이타적이고 도움을 주려는 태도, 그리고 베풀고자 하는 준비된 자세 때문입니다. 이러한 자세로 인해 신성한 힘이 그에게 지속적으로 내려올 수 있게 됩니다. 그리고 그를 통해 이 힘은 아직 직접적으로 이 힘을 받기에는 충분히 강하지 못한 많은 이들에게까지 도달할 수 있게 됩니다.

신체 상부에서 올라가는 찬란한 불꽃의 왕관은 영적 열망의 활동을

---

18. 바하나(Vahan): 산스크리트어로 '운반체' 또는 '수레'를 의미한다.

나타냅니다. 이는 인간의 외관에 큰 아름다움과 위엄을 더해 줍니다. 이 불꽃은 원인체로부터 끊임없이 상승합니다. 이는 물질계에서 하위 자아가 어떤 활동을 하고 있든 관계없이 지속됩니다. 인간의 영혼이 자신의 차원에서 깨어나면, 자기 자신과 신성과의 관계를 이해하기 시작합니다. 그때부터 영혼은 자신이 왔던 근원을 향해 끊임없이 위를 바라보게 됩니다. 이는 낮은 차원에서 어떤 활동을 하고 있든 상관없이 일어납니다. 가장 고귀한 인격이라 해도 참된 자아의 일부분만을 표현할 수 있다는 것을 우리는 잊지 말아야 합니다. 더 높은 차원의 인간이 자신을 둘러보기 시작하면, 그 앞에 거의 무한한 가능성이 열립니다. 이러한 가능성들은 우리가 제한된 물질적 삶 속에서는 상상조차 할 수 없는 것들입니다.

우리의 진화된 사람에게 영광스러운 면류관이 되는 바로 이 영적 열망의 상승은 신성한 힘이 내려오는 통로입니다. 따라서 그의 열망이 더 충만하고 강해질수록 위에서 오는 은총의 척도는 더 커집니다.

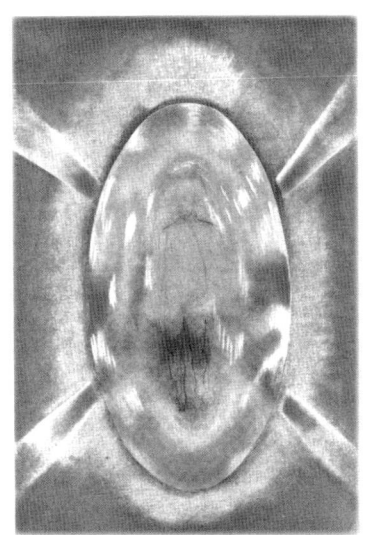

그림21. 진화한 인간의 원인체

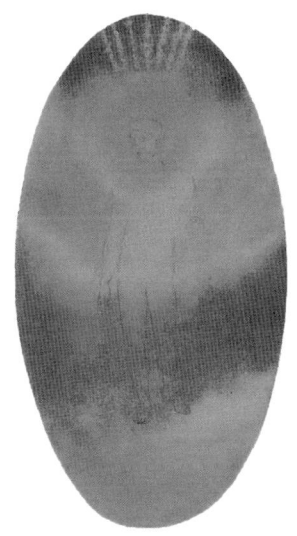

그림22. 진화한 인간의 정신체

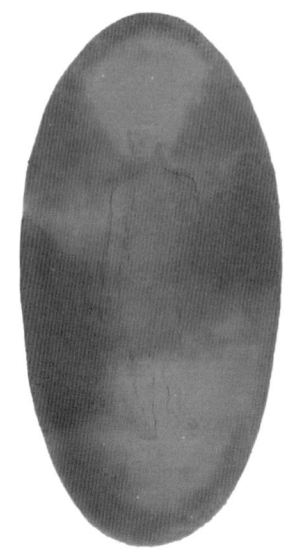

그림23. 진화한 인간의 심령체

정신체와 심령체의 진화

더 진화된 인간을 다루게 되면서 그의 다양한 몸체가 모두 크게 개선되었을 뿐만 아니라 서로 훨씬 더 비슷하다는 점에 관찰자는 충격을 받을 수밖에 없을 것입니다. 색상의 옥타브, 즉 정신계의 낮은 수준과 높은 수준에 속하는 색조 사이의 차이를 감안하면 그림22는 그림21을 거의 재현한 것입니다. 그림22와 23의 유사성은 아마도 훨씬 더 두드러질 것입니다. 하지만 그것들을 비교할 때 심령 색상은 낮은 정신 색상과도 다른 옥타브라는 것을 기억해야 합니다.

또 다른 유용한 비교는 그림22, 9, 6을 비교하여 자기중심적 이기주의에서 이타적인 사람으로의 진화가 정신체에 어떻게 나타나는지 확인하는 것입니다. 살펴보면 교만, 분노, 이기심이 완전히 사라졌고 남아 있는 색상은 전체 타원을 채울 정도로 확장되었습니다. 그뿐만 아니라 색조가 개선되어 완전히 다른 인상을 줍니다. 자아에 대한 모든 생각이 사라졌기 때문에 그들 모두는 더 세련되고 섬세합니다. 또한 새롭고 더 큰 자질의 획득을 상징하는 황금 별과 함께 순수한 보라색이 나타났습니다. 우리가 그의 원인체를 통해 발산되는 것을 보았던 위에서 오는 힘은 다소 덜하지만 정신적 몸체를 통해서도 작용합니다. 이것은 전체적으로 매우 훌륭한 정신체이며 이미 잘 발달되어 있으며 때가 되면 길을 따라 빠르게 진행될 수 있는 모든 가능성을 가지고 있습니다.

그림23에 묘사된 그의 심령체는 정신체와 매우 유사하다는 것을 즉시 알 수 있습니다. 사실, 그것은 심령계의 더 거친 물질에 반영된 것에 지나지 않습니다. 이것은 그 사람이 자신의 욕망을 마음의 통제 하에 두고 있으며 더 이상 감정의 거친 분출에 의해 확고한 이성의 기반에서 휩쓸려 가지 않는다는 것을 나타냅니다. 그는 의심할 여지 없이 여전히 가끔씩 짜증을 내고 다양한 종류의 바람직하지 않은 갈망에 시달릴 것입니다. 하지만 그는 이제 이러한 표현을 억누르고, 그것들에 굴복하는 대신 그것들이 나타날 때나 그것늘과 싸우는 법을 충분히 알고 있습니다. 따라서 그것들이 일시적으로 그의 심령체를 바꿀 수는 있지만, 그의 더 높은 자질의 훨씬 더 강한 진동에 비해 심

령체에 영구적인 인상을 남기지는 못할 것입니다.

마찬가지로, 훨씬 더 발전된 단계에서 정신체 자체가 원인체의 반영이 됩니다. 사람이 더 높은 자아의 자극만을 따르고 그에 따라 자신의 이성을 인도하는 법을 배우기 때문입니다.

이 그림은 지성을 의미하는 노란색 빛과 관련된 흥미로운 사실을 우리에게 명확하게 보여 줍니다. 이 색상이 타원형에 있을 때 항상 머리 근처의 윗부분에 나타납니다. 따라서 이 노란색은 심령체의 색상 중 가장 눈에 띄고 투시력의 경계에 접근하는 사람이라면 누구나 가장 쉽게 인지할 수 있습니다. 그 때문에 성인의 머리 주위에 있는 후광 또는 영광이라는 생각의 기원인 것입니다. 또한 심령적 시력이 없더라도 가끔 인지할 수 있습니다. 어느 정도 진화된 사람이 설교나 강의를 할 때와 같이 어떤 종류의 특별한 노력을 할 때 지적 능력이 비정상적으로 활동하고 있고 이에 따라 노란색 빛이 강화되기 때문입니다.

어떤 경우에는 물리적 가시성의 한계를 넘어서, 더 높은 차원의 지각력 없이도 많은 사람들에 의해 목격되었습니다. 이런 경우, 그것은 심령 진동이 약해져 물리적 세계와 구분되는 선 아래로 내려가는 것이 아니라, 오히려 평소보다 훨씬 더 강해져 물리적 세계의 거친 물질마저도 공명할 수 있게 되는 것입니다. 이 현상에 대한 간헐적인 목격이나 이를 볼 수 있는 이들로부터 내려온 전통으로 인해, 중세 화가들이 성인의 머리 주변에 영광의 원을 그렸던 것 같습니다.

그리스도의 후광에는 일반적으로 십자가가 그려지는데, 이 또한 신비학적 관점에서 볼 때 타당합니다. 매우 높은 수준에 달한 사람들의 오라에서는 다양한 기하학적 도형이 나타나는데, 이는 특정한 고차원적이고 광범위한 사고를 의미하는 것으로 관찰되었습니다. 이러한 도형들은 《Thought-Forms(생각의 형상)》에 실린 여러 삽화에서 찾아 볼 수 있습니다.

학생들은 이 삽화들을 주의 깊게 비교해 보는 것이 유용할 것입니다. 첫째, 각각의 원인체와 그것을 부분적으로 표현하는 정신체와 심령체의 관계를 살펴봄으로써, 이 다양한 신체들 사이의 연관성을 이해할 수 있습니다. 둘째, 그림7, 10, 23의 세 가지 심령체를 비교해 봄으로써, 진화가 어떻게 욕망체에 나타나는지 이해할 수 있습니다. 심령체는 통상적인 통찰력 있는 사람들이 가장 쉽게 볼 수 있는 유일한 몸체이기도 합니다. 그림6, 9, 22와 그림5, 8, 21 사이에서도 동일한 비교를 통해 더 높은 몸에서 나타나는 사람의 진행 상황을 연구해야 합니다.

영적 진화의 궁극적 목표

우리 신지학 문헌 중에는 이 모든 진화의 다른 측면을 다루고 다양한 단계에서 요구되는 도덕적 자격을 분류하는 많은 책이 있습니다. 이것은 이 작은 책의 범위를 다소 벗어나지만 매우 깊은 관심을 끄는 주제입니다. 그것을 공부하고 싶은 사람들은 《Invisible Helpers(보이지 않는 조력자)》의 19장에서 21장을 읽은 다음 애니 베전트의 책 《In the Outer Court(외부의 법정에서)》와 《The Path of Discipleship(제자의 길)》을 읽어야 합니다.

이러한 책들을 통해 우리는 진화의 조건뿐만 아니라, 그 목표와 우리를 기다리고 있는 영광스러운 미래에 대해 이해할 수 있습니다. 우리는 여러 번의 윤회를 거치면서 이 위대한 지구의 물질적 삶이 우리에게 가르치고자 하는 교훈들을 최종적으로 배우게 됩니다. 그때가 되면 우리는 사도 바울이 그토록 열망했던 '죽은 자의 부활'을 이루게 될 것입니다. 우리는 죽음과 탄생으로부터 자유로워지고, 필연의 순환을 초월하여 영원한 자유를 얻게 됩니다.

이러한 자유를 얻은 후에는 우리가 걸어온 길을 따라 다른 이들도 빛과 승리를 얻을 수 있도록 도울 수 있게 됩니다. 이러한 깨달음의 성취는 모든 사람에게 가능합니다. 아무리 어린 영혼이라도 시간의 문제일 뿐입니다. 인간에게 '구원'에 대한 의심은 없습니다. 왜냐하면 우리가 구원받아야 할 것은 우리 자신의 잘못과 무지뿐이기 때문입니다. 따라서 '영원한 희망'이 아닌 '영원한 확신'이 있을 뿐입니다.

모든 존재는 궁극적으로 완성에 도달할 것입니다. 이것이 신의 뜻이며, 신이 우리를 존재하게 한 유일한 목적이기 때문입니다. 이미 세계는 진화하고 있으며, 인간의 잠재력이 발현되기 시작했습니다. 이 여명의 빛은 반드시 정오의 영광으로 발전할 것입니다. 인간 앞에 펼쳐진 진화의 전망은 끝이 보이지 않습니다. 우리가 아는 것은 그것이 형언할 수 없는 신성한 영광으로 무한히 확장된다는 사실뿐입니다.

21장
건강과 오라

에테르 복체와 생명력의 흐름

지금까지 우리는 주로 높은 차원의 영적 신체들에 대해 다뤄 왔습니다. 하지만 인간의 오라를 구성하는 미세한 물질적 차원에 대해 언급하지 않는다면 이 주제를 완전히 이해했다고 할 수 없습니다. 투시력으로 볼 때, 인간의 오라에는 많은 에테르 물질이 존재하며, 이것이 바로 '에테르 복체'라고 불리는 것입니다. 이 에테르 복체는 독립된 몸체가 아니라 물질적 신체의 한 부분으로 보아야 합니다. 투시가들의 눈에는 이 에테르체가 희미하게 빛나는 보랏빛을 띤 회색 안개처럼 보입니다. 이것은 물질적 신체의 더 조밀한 부분을 관통하며, 그림24와 25에서 볼 수 있듯이 물질적 신체를 약간 넘어서까지 확장되어 있습니다. 이 에테르 물질은 심령체와 육체를 연결하는 다리 역할을 합니다. 또한 물질계에서 생명력(프라나)을 전달하는 몸체로서 매우 중요한 기능을 담당합니다.

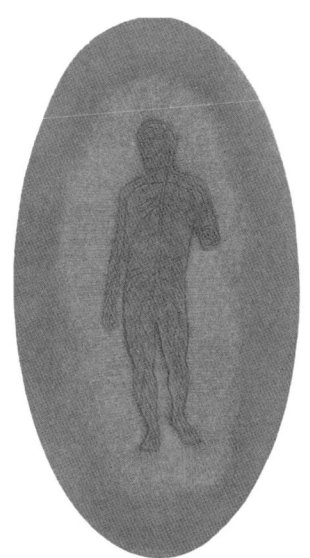

그림24. 건강한 사람의 오라

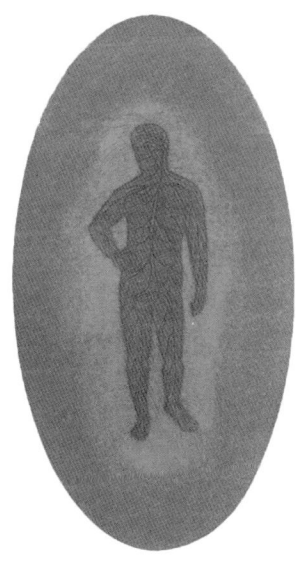

그림25. 질병 상태의 사람

21장 건강과 오라

이 생명력은 태양에서 우리에게 쏟아지는데, 태양은 외부 세계의 빛과 열을 통해서뿐만 아니라 이 내면의 의미에서도 생명의 근원입니다. 지구의 대기는 항상 이 힘으로 가득 차 있지만, 밝은 햇빛에서는 특히 활동적입니다. 그리고 우리의 육체가 살 수 있는 것은 이것을 흡수함으로써입니다. 이 생명 에너지를 흡수하는 것은 우리가 비장이라고 부르는 기관의 에테르 부분의 기능 중 하나입니다. 그리고 그 기관은 힘이 통과할 때 그것을 특화하고 변환하는 이상한 속성을 가지고 있어서 완전히 다른 모습을 보입니다.

물론 힘 자체는 다른 모든 힘과 마찬가지로 보이지 않습니다. 하지만 대기 중에서 우리 주변에 존재하고 있으며 무색이지만 매우 활동적인 수백만 개의 작은 입자로 덮여 있습니다. 그러나 비장을 통해 인체에 흡수된 후 이 입자들은 아름다운 옅은 장미색을 띠고 혈액 세포가 동맥과 정맥을 따라 흐르는 것과 같은 방식으로 신경을 따라 온몸을 통해 끊임없이 흐릅니다. 뇌는 이 신경 순환의 중심입니다. 그림에서는 이 흐름의 일반적인 모습을 표현하려고 시도하지만, 물론 이것이 신경계의 정확한 지도라고 생각해서는 안 됩니다.

이 생명력의 흐름은 신경계가 제대로 작동하는 데 필수적입니다. 만약 이 생명력이 차단되면 감각을 느낄 수 없게 됩니다. 예를 들어, 우리 몸의 특정 부위가 추위로 인해 완전히 마비되어 감각을 느끼지 못하는 경우가 있습니다. 이는 그 부위에 생명력이 더 이상 흐르지 않기 때문입니다. 일반적으로 이러한 현상이 혈액 순환 장애 때문이라고 생각할 수 있습니다. 하지만 메스머리즘(최면학)을 연구한 사람들은 자기적 패스(Magnetic passes)를 통해 신체 일부를 무감각하게 만들 수 있다는 것을 잘 알고 있습니다. 이러한 자기적 패스는 혈액 순환에는 전혀 영향을 미치지 않습니다. 그래서 해당 부위는 여전히 따뜻한 상태를 유지합니다. 대신 피실험자의 생명력 순환은 차단되고, 그 자리를 최면가의 생명력이 대신하게 됩니다. 피실험자의 신경은 여전히 존재하며, 물리적으로 볼 때는 완벽하게 작동 가능한 상태입니다. 하지만 이 신경들은 뇌에 정보를 전달하는 본래의 기능을 수행하지 못합니다. 왜냐하면 신경을 활성화시키는 생명력이 피실험자의 뇌가 아닌 최면가의 뇌와 연결되어 있기 때문입니다.

건강한 사람의 경우, 비장은 매우 효율적으로 작동하여 특수화된 생명력을 풍부하게 만들어 냅니다. 이 생명력은 지속적으로 모든 방향으로 방사됩니다. 완벽한 건강 상태에 있는 사람은 의도적으로 다른 사람에게 생명력을 전달할 수 있습니다. 그리고 무의식적으로도 주변 사람들에게 지속적으로 힘과 활력을 전달합니다. 반면에, 허약하거나 다른 이유들로 인해 우주의 생명력을 충분히 활용하지 못하는 사람들은 자신도 모르는 사이에 마치 스펀지처럼 행동하게 됩니다. 이들은 불행히도 자신과 접촉하게 된 민감한 사람들의 이미 특성화된 생명력을 흡수합니다. 이는 일시적으로 자신에게는 이롭지만, 상대방에게는 해가 될 수 있습니다.

대부분의 사람들은 이러한 경험을 한 적이 있을 것입니다. 예를 들어 특정 지인을 만난 후 설명할 수 없는 피로감과 무기력을 느끼는 경우입니다. 그리고 영적 강령회에 참석한 후 특별한 보호 조치 없이 비슷한 피로감을 느끼는 경우도 있습니다. 이는 생명력이 고갈되는 현상 때문입니다. 특히 영적 강령회 중에 일어나는 현상들로 인해 참가자들의 생명력이 소모될 수 있습니다.

건강 오라와 그 특성

인간의 몸에서는 매일 작은 물질 입자들이 방출됩니다. 이 입자들은 땀이나 다른 방법을 통해 몸을 나오는데, 투시력이 있는 사람에게는 희미한 회색 안개처럼 보입니다. 이 입자들은 종종 결정체인데, 예를 들어 염화나트륨, 즉 흔한 소금의 작은 큐브 형태로 보입니다.

이 물리적인 부분은 '건강 오라'라고 불리기도 합니다. 이는 몸의 건강 상태에 따라 크게 영향을 받기 때문입니다. 건강 오라는 희미한 푸른빛이 도는 흰색이며, 거의 무색에 가깝습니다. 오라는 몸의 모공에서 균등하게 뻗어 나가는 무수한 직선들로 구성되어 있는 것처럼 보입니다. 몸이 완벽하게 건강할 때, 이 선들은 서로 분리되어 질서 있고, 가능한 한 평행을 유지합니다. 그러나 질병이 발생하면 즉시 변화가 일어납니다. 영향을 받은 부위 근처의 선들은 변덕스러워지고, 무질서하게 엉키거나 시든 꽃줄기처럼 늘어집니다.

이 흥미로운 현상에는 이유가 있습니다. 건강 오라의 선이 단단하고 평행을 이루는 것은 건강한 몸에서 생명력이 지속적으로 방출되기 때문입니다. 이 방출이 멈추면, 선들은 앞서 설명한 혼란 상태로 빠지게 됩니다. 환자가 회복되면, 이러한 자기 에너지의 정상적인 방출이 서서히 재개되고, 건강 오라의 선들은 다시 정돈됩니다.

오라의 선들이 단단하고 곧고, 생명력이 그 사이에서 꾸준히 방출되는 한, 몸은 질병 균 같은 해로운 외부 물질로부터 거의 완전히 보호됩니다. 이런 균들은 생명력의 방출에 의해 밀려나고 제거됩니다. 하지만, 약화, 상처, 극심한 피로, 정신적 우울증, 불규칙한 생활 등으로 몸의 손상이나 손실을 회복하는 데 필요한 생명력이 평소보다 많이 소모되면, 방출되는 생명력의 양이 심각하게 감소하게 됩니다. 이 경우 방어 시스템이 위험할 정도로 약해져서 유해한 균들이 비교적 쉽게 침투할 수 있습니다.

이 생명력의 방출은 의지의 힘으로 조절할 수 있습니다. 선의 끝부분에서 생명력의 방출을 멈추고, 그곳에 벽이나 껍질을 만들 수 있습니다. 이렇게 하면 질병의 균은 물론, 약간의 추가적인 의지로 어떤 종류의 심령적이나 정령의 영향도 막아 낼 수 있습니다. 이러한 의지를 유지하는 한, 이 보호막은 강력하게 기능합니다.

이 오라가 어떻게 건강과 질병에서 각각 나타나는지는 책의 그림 24와 25에서 볼 수 있습니다. 이 오라는 거의 무색이라는 것을 기억해야 합니다. 그래서 비록 물리적 물질이기 때문에 심령 오라보다는 덜 발달된 시야에서도 보일 수 있지만, 심령 오라는 화려한 색상의 반짝임과 끊임없는 움직임 덕분에 훨씬 더 눈에 띄기 때문에 사람이 발전하는 초기 단계에서 더 자주 보입니다.

22장
아뎁트의 원인체

아뎁트의 오라와 그 특성

아마도 인간의 고차원적인 몸을 아직 보지 못한 사람들에게는 이 책에 실린 삽화들은 어느 정도 시사점을 주고 통찰력을 제공할 것입니다. 바로 이러한 희망으로 이 책이 출판되었습니다. 하지만 이 차원을 볼 수 있는 사람들은, 비록 이 삽화들이 세밀하고 정교하게 그려졌음을 인정하더라도, 가장 낮은 차원조차도 종이 위에나 캔버스에 충분히 표현할 수 없다는 데 동의할 것입니다. 이것이 사실이라면, 인류의 목표에 도달해 인간 이상의 존재가 된 사람, 즉 '아뎁트'를 표현하려는 시도는 훨씬 더 불가능할 것입니다.

아뎁트의 경우 원인체의 크기가 엄청나게 증가했으며 그 영광스러운 아름다움 속에서 모든 상상을 초월하여 태양과 같은 광채로 빛납니다. 여기서 형태와 색상의 아름다움은 말로 표현할 수 없습니다. 필멸의 언어에는 그러한 빛나는 구체를 묘사할 수 있는 용어가 없기 때문입니다. 그러한 몸체는 그 자체로 별도의 연구가 될 것이지만, 이미 길을 멀리 간 사람들을 제외하고는 누구의 능력도 뛰어넘는 것입니다.

아뎁트의 오라는 일반인과는 매우 다른 특징을 보입니다. 우선 그 크기가 일반인보다 훨씬 크며, 색상의 배열 방식도 매우 독특합니다. 일반인의 오라에서 볼 수 있는 소용돌이치는 구름 형태의 색상들과는 달리, 아뎁트의 오라는 거대한 동심원 형태로 색상이 배열되어 있습니다. 또한 그들의 중심에서는 생명력 넘치는 빛이 끊임없이 방사되어 전체 오라를 관통합니다. 각각의 아뎁트는 자신이 속한 유형에 따라 서로 다른 색상 배열을 보이며, 이로 인해 그들의 영광스러운 오라는 몇 가지 뚜렷한 유형으로 구분됩니다. 흥미로운 점은, 이렇게 심오한 주제임에도 불구하고 스리랑카의 사원 벽화에 그려진 부처님의 모습에서 이러한 전통이 정확하게 보존되어 왔다는 것입니다. 이러한 벽화들에서 부처님은 항상 오라에 둘러싸인 모습으로 묘사됩니다. 더욱 놀라운 것은, 이 벽화의 색채와 전반적인 배치가 일반인이나 일반적인 아뎁트의 오라와는 매우 다르고 심지어 불가능해 보일 정도이지만, 실제로는 부처님이 속한 특정 유형의 아뎁트가 가진 고차원적 에너지체의 모습을 거칠게나마 물질적으로 표현한 것이라는 점입니다. 또한 주목할 만한 점은 이러한 고대 벽화들 중 일부에는 건강 오라의 형태도 함께 그려져 있다는 것입니다.

스승의 원인체를 그림으로 나타내는 것은 불가능하지만, 그의 좀 더 진화된 제자, 즉 동양 서적에서 아라한(Arhat)[19]이라고 불리는 길

---

19. 본서에서 아라한(Arhat)은 영적 진화의 네 번째 단계에 도달한 존재로 정의된다. 아라한은 지성, 사랑, 헌신, 동정심이 매우 고도로 발달한 상태에 있으며, 로고스의 생명력과 힘의 거의 완벽한 통로가 되는 존재이다. 신지학 체계에서 아뎁트는 최고 단계의 영적 진화를 이룬 존재이며, 아라한은 그 바로 아래 단계에 놓인 고도로 진화한 영적 존재로 설명된다.

의 네 번째 단계에 도달한 제자의 원인체의 상대적인 크기와 모습에 대한 아이디어를 제공하는 것은 여전히 가치 있는 일입니다.[20] 이러한 노력은 그림26에 나타나 있지만, 이 원인체의 색상이 물질계에서는 서로 양립할 수 없는 두 가지 특징을 가지고 있기 때문에 그림을 완성하려면 평소보다 더 큰 상상력이 필요합니다. 이 색상들은 이전에 설명된 어떤 색상보다 훨씬 더 섬세하고 천상적입니다. 그러나 동시에 훨씬 더 풍부하고 찬란하며 빛납니다. 단순한 색상 대신 불로 그림을 그릴 수 있을 때까지 우리는 항상 딜레마의 한쪽 면에 놓이게 될 것입니다. 왜냐하면 색상의 깊이와 풍부함을 표현하려고 하면 밀도가 높고 견고해 보일 것이고, 대신 놀라운 투명도와 밝기를 표현하려고 하면 색상은 영광스러운 현실의 주요한 특징인 놀라운 힘과 찬란함이 완전히 부족해질 것이기 때문입니다.

그러나 다른 원인체의 경우 투명한 타원형 형태에 대한 아이디어를 제공하기 위해 노력했으므로 이 경우 색상의 깊이, 배열 및 상대적인 크기를 제공하는 것이 더 나은 것 같습니다. 이 마지막은 그림에서 물질체의 크기를 여러 번 줄이는 방편을 통해서만 비율을 맞출 수 있습니다. 이전에 사용했던 것과 동일한 축척을 유지한다면 아라한의 원인체는 길이와 너비가 몇 미터로 표현되어야 할 것입니다. 결과적으로 원인체를 그에 비례하여 그릴 때 이중 판의 크기 내에 들어올 수 있도록 물질적 형태의 그림을 크게 줄여야 합니다. 그러나 최선을 다하더라도 그러한 그림은 정신적 이미지를 만드는 데 도움이 되는 것

---

20. Invisible Helpers(보이지 않는 조력자) p.172 참조.

으로만 간주될 수 있습니다. 이 이미지는 아마도 물질적 표현보다는 덜 부적절할 것입니다.

그림26. 아라한의 원인체

이 그림을 살펴보면 우리는 즉시 가장 높은 유형의 지성, 사랑, 헌신, 풍부한 공감 그리고 가장 높은 영성의 장엄한 발전에 감탄하게 됩니다. 그림21에서 보았던 신성한 영향력의 분출은 여기에서 엄청나게 강화됩니다. 왜냐하면 이 사람은 로고스의 생명과 힘을 위한 거의 완벽한 통로가 되었기 때문입니다. 그에게서 방사되는 영광은 흰색 빛으로만 나타나는 것이 아닙니다. 진주층처럼 무지개의 모든 색채가 그의 주위에서 끊임없이 변화하며 빛나고 있습니다. 이 빛의 방사

22장 아뎁트의 원인체 | 193

에는 그에게 다가오는 모든 사람의 최고의 자질을 강화시킬 수 있는 특별한 힘이 있으며, 이는 그 자질이 어떤 것이든 상관없이 작용합니다. 따라서 그의 영향력이 미치는 범위 안에 들어오는 사람은 누구나 더 나은 사람이 됩니다. 그는 마치 태양처럼 주위의 모든 것을 비추고 있는데, 이는 그가 태양처럼 로고스의 현현이 되었기 때문입니다.

이것과 연결된 마음-몸체와 심령체는 그들 자신의 고유한 색상이 거의 없지만, 그들의 낮은 옥타브가 표현할 수 있는 한 원인체의 복제품입니다. 그들은 설명이나 표현을 훨씬 뛰어넘는 사랑스럽고 희미하게 빛나는 무지갯빛, 일종의 유백색, 진주층 효과를 가지고 있습니다.

인간의 진정한 본질과 영적 진화

적어도 우리는 이러한 내면의 몸체에 대한 연구가 우리를 위해 한 가지 일을 해 주기를 바랄 수 있습니다. 그것은, 진정한 나는 자신의 더 높은 표현인 고차원적 몸체라는 것을 이해하는 데 도움이 될 수 있습니다. 이것은 우리가 무지 속에서 지나치게 중요하게 생각하는 물질의 집합체인 육체가 자신이 아니라는 말입니다. 진정한 자신, 즉 내면의 신성한 삼위일체는 우리가 볼 수 없을지도 모릅니다. 그러나 우리의 시야와 지식이 증가할수록 우리는 그 안에 가려져 있는 것에 더 가까이 다가갑니다.

현재 우리가 인지할 수 있는 우리의 가장 높은 몸체가 원인체라면, 그것은 우리의 시야가 현재 우리에게 줄 수 있는 진정한 자신에 대한 개념에 가장 가까운 것입니다. 하지만 동일한 사람을 더 낮은 수준인 하위 정신계에서 바라본다면, 당연히 인격의 표현인 정신체로 표현될 수 있는 만큼만 그를 볼 수 있습니다.

심령계에서 그를 살펴보면 우리는 또 다른 베일이 내려와 욕망의 몸을 통해 표현될 수 있는 그의 더 낮은 부분만 보입니다. 그리고 우리가 지금 서 있는 물질계에서는 상황이 더 악화됩니다. 이곳에서는 진정한 자신이 이전보다 더욱 효과적으로 감춰져 있기 때문입니다.

아마도 이러한 지식은 우리 인류를 좀 더 높이 평가하게 만들 수 있습니다. 왜냐하면 우리는 육체의 눈으로 보이는 것보다 훨씬 높은 존재이기 때문입니다. 우리가 육체의 조밀한 물질적 베일을 꿰뚫고 그 뒤에 있는 실체를 있는 그대로 연구해 본다면, 인간이 신성의 일부임을 더 쉽게 알게 될 것입니다.

인간은 언제나 더 높은 가능성이 배경에 자리하고 있으며, 종종 그의 더 높은 본성에 호소함으로써 그 가능성을 잠재된 상태에서 깨어나게 하고, 모든 사람이 볼 수 있는 형태로 실현시킬 수 있습니다. 우리가 이것을 깨닫고 확신을 가지게 되면 우리와 타인이 하나임을 이해하기에 동료 인간을 더 잘 도울 수 있을 것입니다. 그리고 우리를 통해 신성한 빛이 더 밝게 빛난다면, 그것은 단지 우리가 그 빛을 다른 이들과 나누기 위해서입니다. 우리가 진화의 사다리에서 더 높은 단계에 도달했다면, 그것은 단지 다른 이들에게 도움의 손길을 뻗기 위해서입니다.

우리가 지금까지 외적 현상으로 연구해 온 이 영광스러운 진화의 계획을 더 깊이 이해할수록, 로고스의 위대한 자기희생의 진정한 의도를 더욱 완전하게 이해하게 됩니다. 이 진화의 계획은 너무나 아름답고, 우리의 생각을 초월할 정도로 완벽해서, 단 한 번만 이것을 깨달아도 영원히 그것의 실현을 위해 헌신하게 됩니다. 이것을 진정으로 이해한다는 것은 곧 자신을 그 안에 완전히 투신하는 것을 의미합니다. 비록 아주 작은 역할이라 할지라도, 끊임없이 그것과 하나가 되기 위해 노력하게 되는 것입니다. 신(하나님)과 함께 일하는 사람은 일시적인 것이 아닌 영원을 위해 일하는 것이기 때문에, 우리 앞에 놓인 영원한 시간 속에서 그의 작업은 결코 실패할 수 없습니다.

신지학 협회 인장

  신지학협회의 인장은 다양한 신비학적 관점과 철학을 담고 있는 일곱 가지 상징적 요소들로 구성되어 있습니다. 이 인장은 여러 상징들의 단순한 집합체가 아니라, 인간과 우주 그리고 궁극적 실재에 대한 심오한 신비학적 비전을 담고 있는 하나의 통합된 만다라라고 볼 수 있습니다. 각각의 상징은 서로 연결되어 있으며, 전체적으로 '진리 탐구'라는 신지학의 핵심 가치를 향해 나아가는 여정을 묘사합니다.

ॐ

　신지학 로고 상단에 있는 산스크리트어 옴(ॐ)은 우주와 의식의 근원적 출발점을 상징합니다. 이는 우주의 모든 현상과 존재가 하나의 본질적 진동에서 시작되었음을 상징하며, 신비가들이 무아와 초월적 경험을 통해 추구하는 궁극적 실체와 이어집니다. 이 소리와 진동을 통해 우주적 의식과 조화를 이루고자 하는 노력은 신지학적 탐구의 핵심을 이루는 부분입니다.

　'옴(ॐ)'으로부터 발현된 우주의 창조적 에너지는 스와스티카를 통해 드러납니다. 끊임없이 회전하는 스와스티카는 우주의 영원한 운동, 생성과 소멸의 순환, 카르마의 법칙을 상징합니다. 이는 정적인 옴(ॐ)과 대비되면서, 현현된 우주의 역동적인 측면을 보여 줍니다. 스와스티카를 둘러싼 원은 우주의 경계이자, 이러한 순환이 일어나는 무대를 의미합니다. 하지만 이 원은 한계를 의미하는 것이 아니라, 오히려 그 안에서 무한한 가능성이 펼쳐지는 영역을 나타냅니다. 스와스티카의 중심에 있는 고요함은 변화 속의 불변, 즉 모든 현상의 배후에 있는 영원한 평화를 상징합니다.

　우로보로스는 스와스티카가 나타내는 우주적 순환을 미시적 차원에서 보여 줍니다. 뱀이 자신의 꼬리를 무는 형상은 삶과 죽음, 시작과 끝이 하나로 이어진 영원한 순환, 즉 윤회를 상징합니다. 또한 끊임없는 자기 쇄신과 변형을 통해 더 높은 차원의 존재로 진화해 나가는 과정을 나타내기도 합니다.

 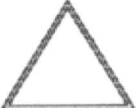

　육각별은 이러한 우주적, 개인적 순환을 통해 도달하고자 하는 궁극적인 목표, 즉 영적 완성을 상징합니다. 위를 향하는 삼각형은 정신, 영혼, 하늘을, 아래를 향하는 삼각형은 물질, 육체, 땅을 나타냅니다. 이 두 힘의 완벽한 조화와 균형을 통해 인간은 진정한 자아, 즉 신성과 연결될 수 있습니다.

    육각별의 중심에 있는 앙크는 이러한 통합을 통해 얻게 되는 생명력, 영원한 삶, 그리고 깨달음을 상징합니다. 앙크는 또한 열쇠의 형상을 하고 있는데, 이는 진리의 문을 열고 더 높은 차원의 의식으로 나아가는 열쇠를 의미합니다.

THERE IS NO RELIGION HIGHER THAN TRUTH

    마지막으로 "진리보다 높은 종교는 없다."라는 모토는 신지학의 핵심 가치를 명확하게 드러냅니다. 이는 어떤 특정 종교나 교리를 맹목적으로 따르는 것이 아니라, 열린 마음으로 진리를 탐구하고 스스로 깨달음을 얻어야 함을 강조합니다.

    즉, 신지학협회의 인장은 옴(ॐ)에서 시작하여 진리 탐구를 통해 궁극적인 깨달음에 이르는 영적 여정을 상징적으로 보여 주는 지도와 같습니다. 각각의 상징은 이 여정의 단계를 나타내며, 전체적으로 인간의 잠재력과 우주의 신비를 탐구하고자 하는 신지학의 정신을 담고 있습니다.

편집·번역자 후기

C.W. 리드비터의 《Man Visible and Invisible》을 한국어로 번역한 《영혼의 지도, 당신의 보이지 않는 진실》의 출간을 위해 크라우드 펀딩에 참여해 주신 모든 분들께 깊은 감사의 마음을 전합니다. 여러분의 따뜻한 후원과 진심 어린 지지 덕분에 이 소중한 책이 2025년 1월에 독자들을 만나게 되었습니다.

이 책은 단순한 영적 지식의 전달을 넘어, 독자 여러분이 자신의 내면에 잠재된 무한한 가능성을 발견하고 더 높은 의식 상태로 나아갈 수 있도록 안내하는 지도서가 되고자 합니다. 번역 과정에서는 신지학의 본질적 지혜를 현대적 감각으로 재해석하여, 독자들이 보다 쉽게 이해하고 받아들일 수 있도록 심혈을 기울였습니다. 이 작업은 긴 시간과 많은 노력을 필요로 했으나, 여러분의 아낌없는 후원과 관심이 없었다면 불가능했을 것입니다.

현재 한국에서는 신지학 스승들의 중요 저서 20여 권 중 상당수가 미번역되어 있거나, 기존 번역본이 오래되어 접근이 어려운 실정입니다. 앞으로도 이 귀중한 영적 지혜가 더 많은 분들에게 전해질 수 있도록 신지학 고전들의 번역 작업에 지속적인 관심과 응원을 부탁드립니다.

특별히 이번 책의 표지 디자인에는 각별한 의미들을 담았습니다. 앞표지 중앙의 신지학 인장은 진리 추구를 통한 영적 완성의 여정을, 모서리의 백합 문양은 영혼의 정화와 새로운 시작을 상징합니다. 황금빛 텍스트는 진리와 지혜를, 깊은 보라색 배경은 영혼의 완전한 성장을 의미합니다. 뒷표지에는 리드비터가 투시한 아라한(Arhat)의 원인체 이미지를 담아, 이 책을 소장하는 것만으로도 로고스의 축복을 느낄 수 있도록 했습니다.

《영혼의 지도, 당신의 보이지 않는 진실》을 통해 내면의 신성을 발견하고 로고스의 빛이 여러분의 마음에서 신성한 진리의 빛을 비추길 바랍니다. 이를 통해 영혼이 망각의 휘장에 감싸이기 전, 이번 생에 목표했던 그 이상의 성취를 이룰 수 있기를 진심으로 기원합니다.

여러분의 귀한 후원에 다시 한번 깊은 감사를 드립니다.

남우현

색상별 의미 표

그림1

다차원 우주

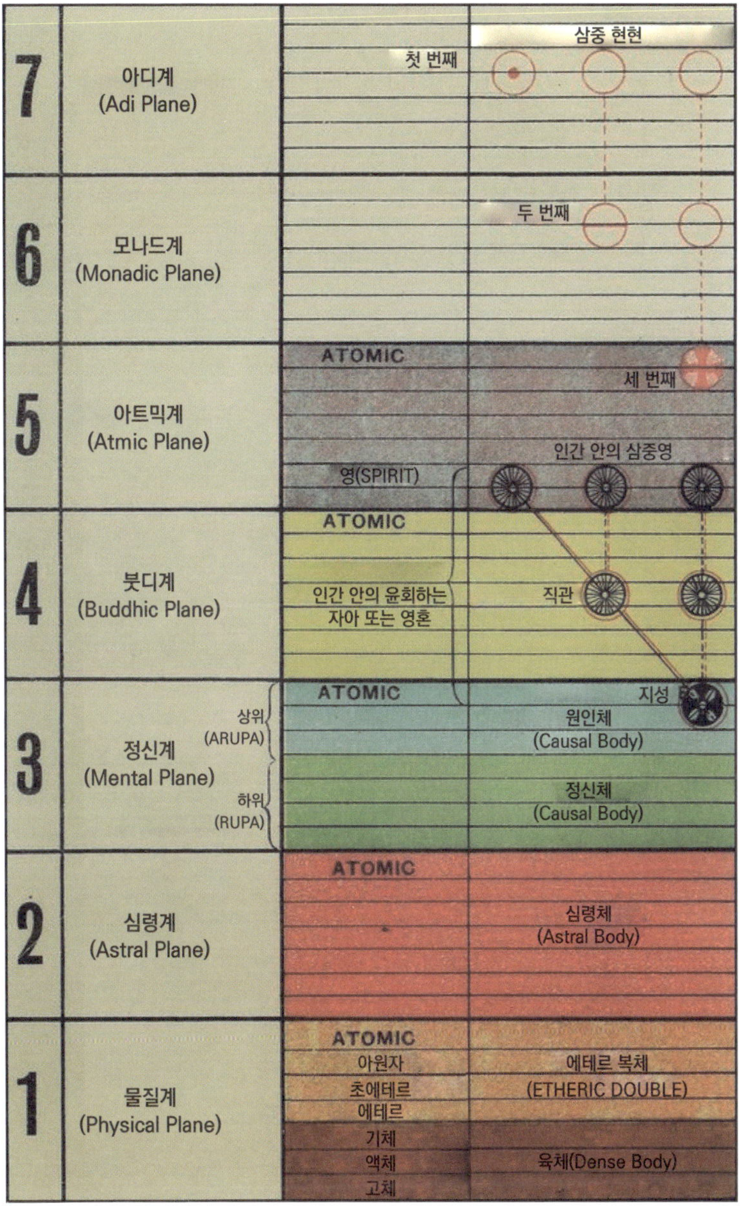

7	아디계 (Adi Plane)	첫 번째	삼중 현현
6	모나드계 (Monadic Plane)	두 번째	
5	아트믹계 (Atmic Plane)	ATOMIC 영(SPIRIT)	세 번째 인간 안의 삼중영
4	붓디계 (Buddhic Plane)	ATOMIC 인간 안의 윤회하는 자아 또는 영혼	직관
3	정신계 (Mental Plane) 상위 (ARUPA) 하위 (RUPA)	ATOMIC	지성 원인체 (Causal Body) 정신체 (Causal Body)
2	심령계 (Astral Plane)	ATOMIC	심령체 (Astral Body)
1	물질계 (Physical Plane)	ATOMIC 아원자 초에테르 에테르 기체 액체 고체	에테르 복체 (ETHERIC DOUBLE) 육체(Dense Body)

그림2

하강과 상승

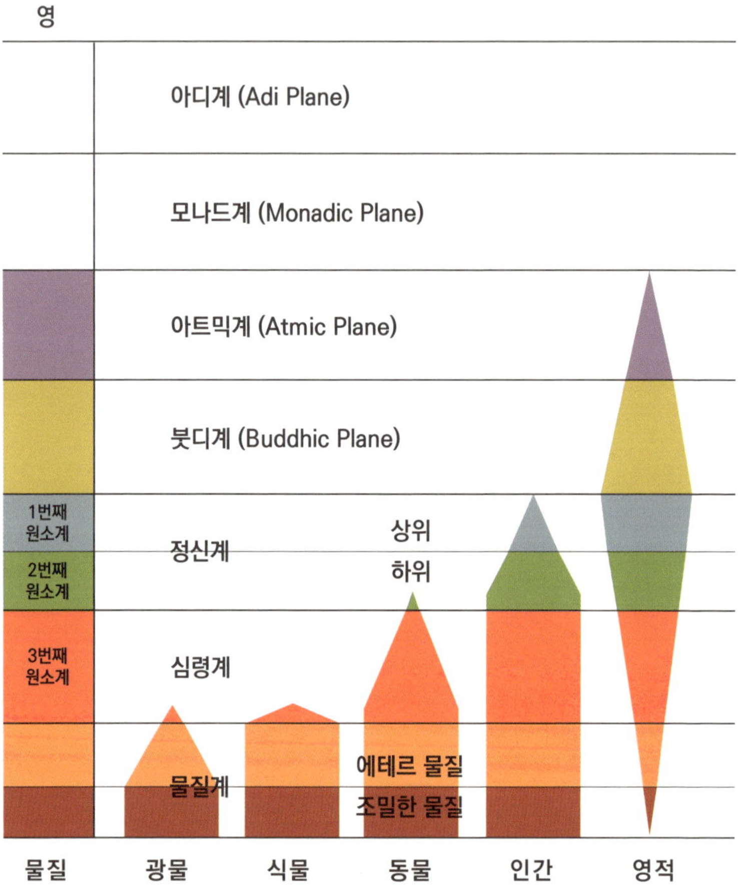

영						
	아디계 (Adi Plane)					
	모나드계 (Monadic Plane)					
	아트믹계 (Atmic Plane)					
	붓디계 (Buddhic Plane)					
1번째 원소계	정신계	상위				
2번째 원소계		하위				
3번째 원소계	심령계					
	물질계	에테르 물질				
		조밀한 물질				
물질	광물	식물	동물	인간	영적	

그림4

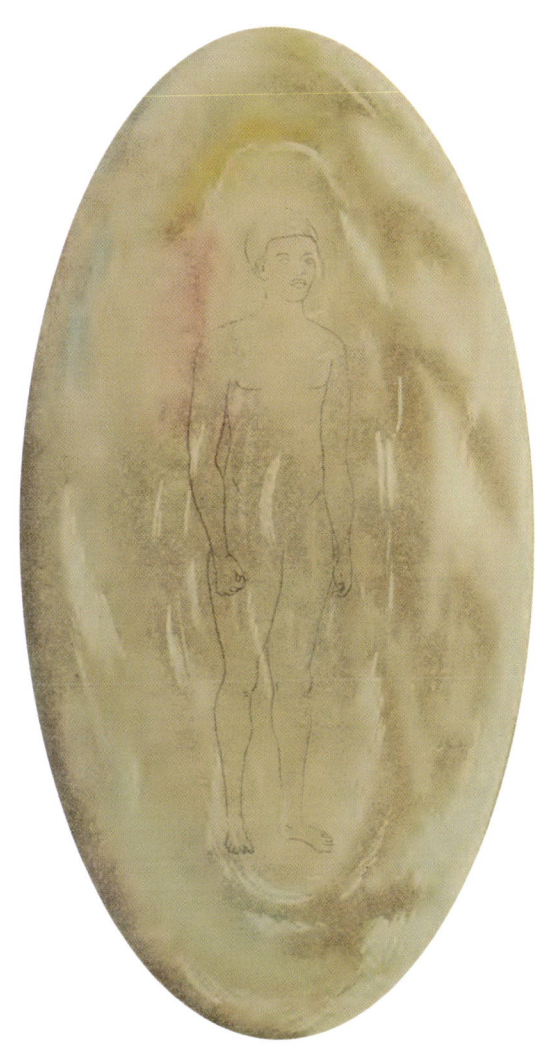

그림5. 초기 단계의 인긴의 원인체

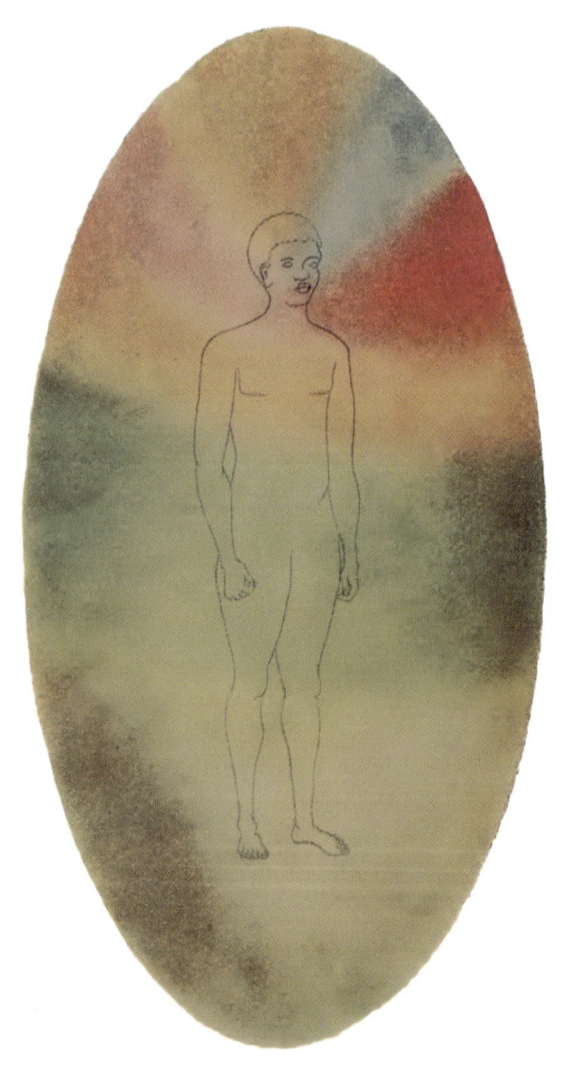

그림6. 초기 단계의 인간의 정신체

그림7. 초기 단계의 인간의 심령체

그림8. 평범한 사람의 원인체

그림9. 평범한 사람의 정신체

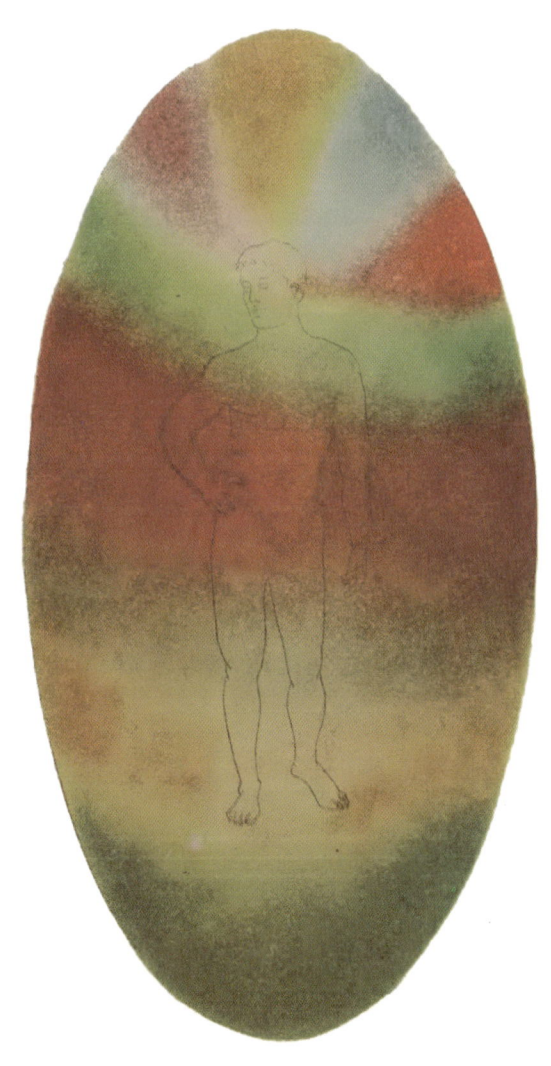

그림10. 평범한 사람의 심령체

그림11. 애정

그림12. 신앙심

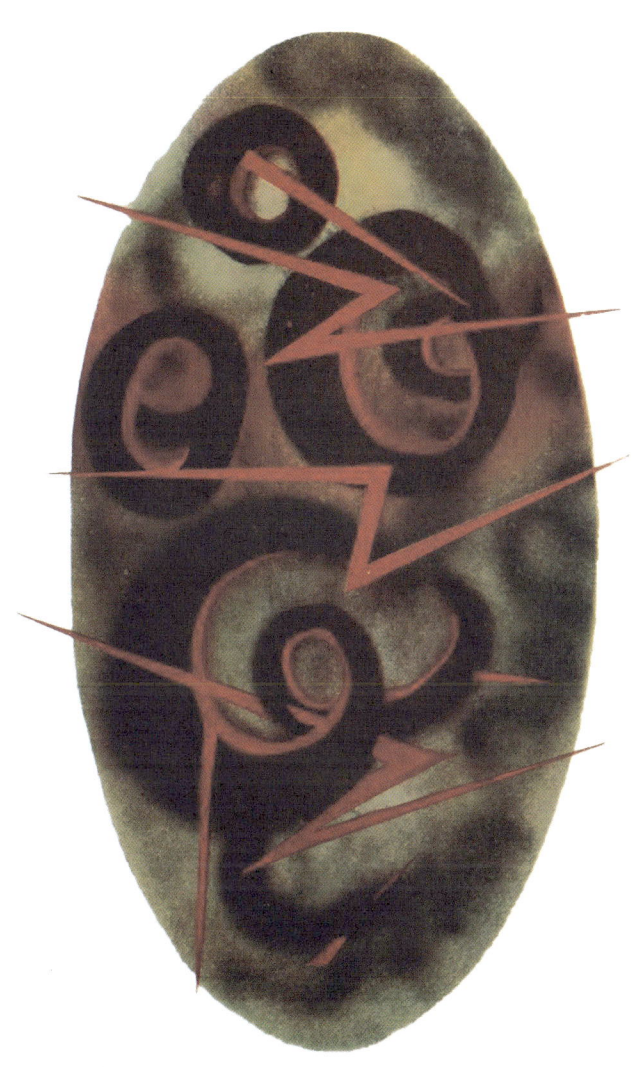

그림13. 강렬한 분노

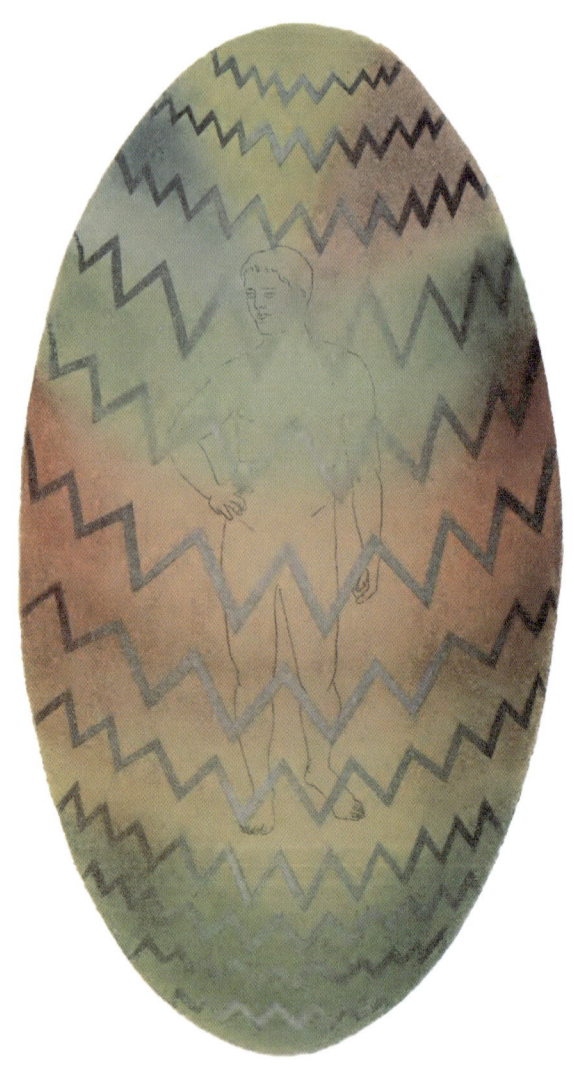

그림14. 공포

그림15. 사랑에 빠진 사람

그림16. 짜증을 잘 내는 사람

그림17. 매우 인색한 사람

그림18. 깊은 우울증

그림19. 신앙적인 사람

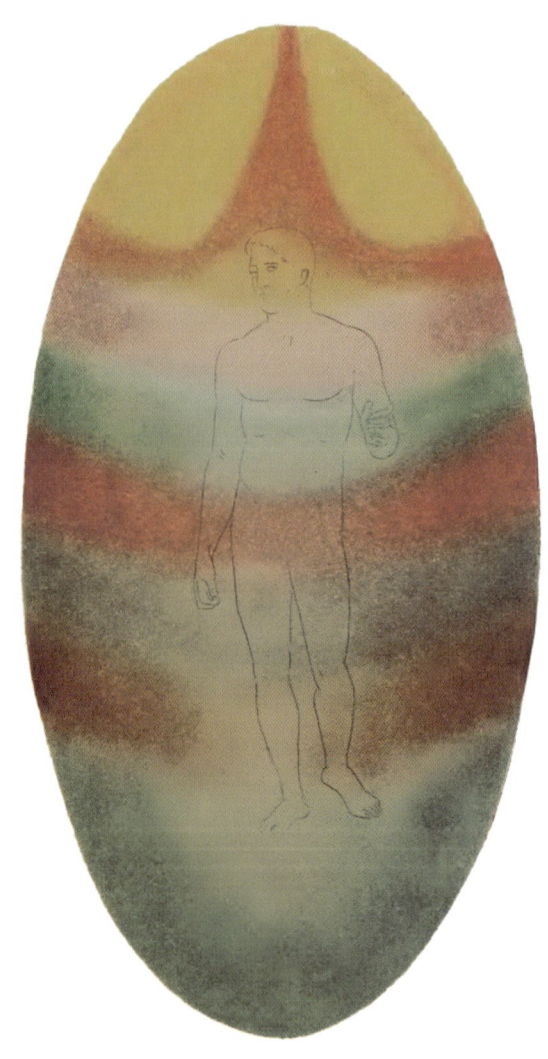

그림20. 과학적인 사람

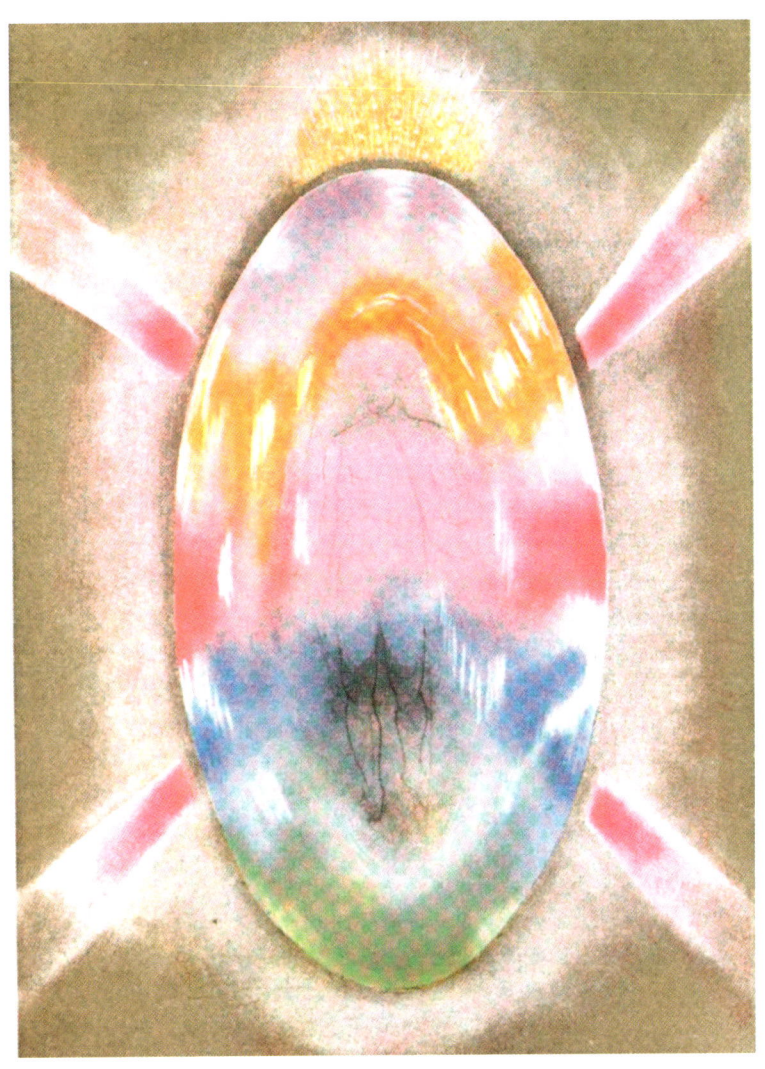

그림21. 진화한 인간의 원인체

그림22. 진화한 인간의 정신체

그림23. 진화한 인간의 심령체

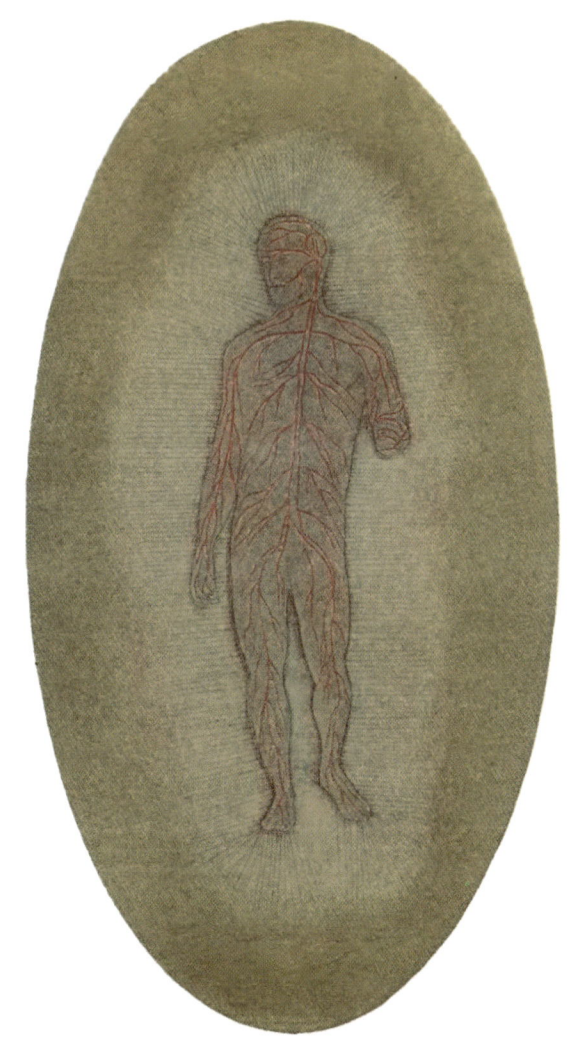

그림24. 건강한 사람의 오라

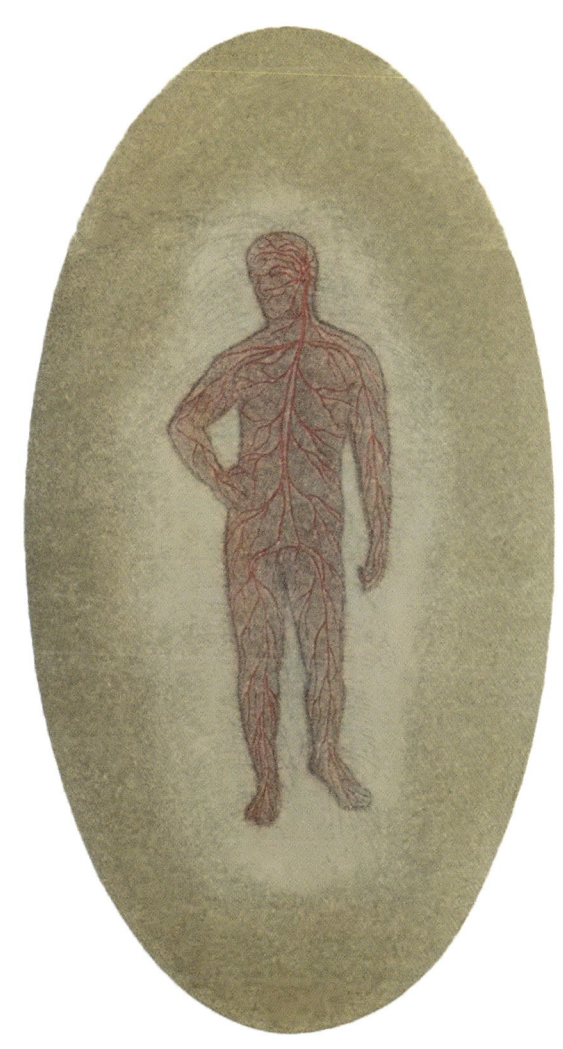

그림25. 질병 상대의 사람

그림26. 아라한의 원인체